GUERRA EN LAS AULAS

Cómo tratar a los chicos violentos
y a los que sufren sus abusos

Colección: VIVIR MEJOR
© Nora Rodríguez, 2004
© Ediciones Temas de Hoy, S. A. (T.H), 2004
Paseo de Recoletos, 4. 28001 Madrid
www.temasdehoy.es
Diseño de cubierta: gráfica futura
Fotografía de cubierta: Matton Bild
Fotografía: Roger Velázquez
Primera edición: mayo de 2004
ISBN: 84-8460-360-1
Depósito legal: M. 16.214-2004
Compuesto en J. A. Diseño Editorial, S. L.
Impreso en Artes Gráficas Huertas, S. A.
Printed in Spain-Impreso en España

ÍNDICE

Anexos

A mi hijo Santiago

AGRADECIMIENTOS

Quiero expresar mi agradecimiento a todos los profesionales que colaboraron desinteresadamente aportando su experiencia, en especial al psiquiatra y terapeuta familiar Jorge Barudy Labrin, por su sensibilidad, profundidad y erudición ante el maltrato infantil. Doy las gracias también a la psicóloga Marjorie Dantagnan, por su aportación sobre la relación entre el maltrato y las conductas de apego; a Begoña Vázquez, psicóloga y amiga, por su profesionalidad, paciencia y genialidad a la hora de leer el manuscrito y darme sus valiosas aportaciones; al sociólogo Erick Pescador Albiach, por haberme facilitado respuestas sobre agresividad y conflictos de género; a Serafín Carballo, responsable del Área de Tratamiento Terapéutico del Servicio de Protección al Menor y Atención a la Familia del Consell de Mallorca, por su predisposición a la hora de contarme su experiencia de trabajo en red. Del mismo modo, a Gemma Mañú, del Ayuntamiento de Burlada, Navarra, y a María Dolores Rodríguez, procuradora de Tribunales, por su aportación legal al problema del *bullying*.

Una mención especial merecen Rosa Lahos, psicóloga y psicoanalista, que aportó opciones diferentes, y Roser García, por sus observaciones en la lectura del manuscrito. Y por supuesto, agradezco a todos los niños, jóvenes y docentes que entrevisté y me contaron su historia.

INTRODUCCIÓN
LAS MÚLTIPLES CARAS DE LA VIOLENCIA

Ralph, Jack, Simon y Piggy son cuatro preadolescentes. Personajes del mundo de ficción que, junto con otros escolares, han sido víctimas de un accidente de aviación y se hallan en una isla a la espera de ser rescatados. En una secuencia magistralmente narrada por William Golding[1] es fácil imaginar cómo Piggy, el niño obeso y asmático, sigue con esfuerzo los pasos de Ralph, Jack y Simon por la arena. En un determinado momento Ralph se detiene y mira hacia el niño que va detrás. Tras llamarlo por su seudónimo (*Piggy*, equivalente a «cerdito»), le impide continuar. Los otros dos, Jack y Simon, fingen no darse cuenta del tono de burla y continúan andando. De nuevo al niño obeso «se le empañan las gafas», pero esta vez por humillación. No comprende cómo Ralph ha contado su secreto. Nadie debía saber que en su casa le llaman Piggy. Se sonroja, le tiembla la boca… Ralph hace como que no comprende qué le sucede y ataca de nuevo, con la firmeza de un auténtico jefe, haciéndole creer que *Piggy* es mejor que *Fatty* («gordito», un apodo más frío y distante). El niño obeso y asmático se queda callado…

Andrea tiene quince años. No es un personaje de ficción, y está considerada una alumna excelente. Desde hace una semana se queda en su casa porque no quiere ir al instituto. Le duele el estómago, tiene vómitos y a menudo llora porque se siente mal. El médico les ha asegurado a los padres que el problema de Andrea es de origen nervioso. Los padres no dudan de que el estado de Andrea se debe a los permanentes conflictos que tiene con Sandra, una compañera del instituto que la dobla en altura y en fuerza y que la tiene martirizada con permanentes burlas sobre su aspecto, con empu-

---

1. William Golding, *El señor de las moscas*, Edhasa, Barcelona, 2000.

jones en el patio, con risas sarcásticas y comentarios malignos sobre su familia, especialmente en el autobús. Los padres de Andrea saben que la seguridad y autoestima de su hija se han quebrado, pero están dispuestos a ayudarla y a exigir al director del instituto que tome medidas.

¿Cuáles son las causas que llevan a un niño a ir contra otro en los centros educativos? ¿Debe tratarse a los alumnos como los únicos responsables de esta ola de violencia? ¿Qué permite a los líderes que usan estrategias negativas abrirse paso y no controlar la agresividad? ¿Sólo es la necesidad de pertenecer a un grupo fuerte lo que lleva a los jóvenes a demostrar su poder ensañándose con otro compañero? ¿Es la violencia el resultado de un deseo incontrolado de diversión? ¿Qué hacer? ¿Cuánto tiempo puede pasar desde que un niño se convierte en víctima de otro alumno hasta que los padres o algún profesor se enteran?

El *bullying* o, lo que es lo mismo, el acoso psicológico, moral y/o físico, llevado a cabo en los centros educativos, donde un alumno ejerce poder sobre otro, de un modo sistemático y con la intención de dañarlo, es un problema preocupante también en nuestro país. De hecho, estudios llevados a cabo por el investigador noruego Dan Olweus[2] en 1983 demostraban que las cifras podían dispararse. Hoy, veintiún años después, la rápida propagación de esta forma de violencia ha servido para demostrar además que el *bullying* no ocurre siempre de la misma forma y puede prender y prosperar en grupos diversos: desde los más amplios a los más reducidos; tanto entre niños de preescolar como entre adolescentes e, incluso, entre universitarios; tanto en estratos sociales de alto poder adquisitivo como en barrios marginales... Y por una única razón: sus semillas germinan donde ha habido un aprendizaje de violencia, donde la institución escolar no se compromete y donde no hay intervención de un adulto. Prueba de ello es el episodio vivido por una niña de cinco años en un colegio público cerca de Málaga que, a menudo, era acosada por una niña de seis para que le diera su comida y que, cuando se negaba, era encerrada en uno de los lavabos mientras otras

---

2. D. Olweus, *Bullying at school: What we know and what we can do,* Cambridge, Londres, 1993.

tres la vigilaban y le amenazaban con que le ocurriría algo peor si contaba a alguien lo ocurrido. Cuando los profesores descubrieron el padecimiento de la niña, que había dejado de controlar los esfínteres en clase, había pasado casi un mes. Se supo después que la niña de seis años que maltrataba a la más pequeña era a su vez víctima de malos tratos en casa por parte de uno de sus hermanos, diez años mayor que ella.

Doce años tenían las dos preadolescentes, también del sur de nuestro país, que tuvieron que ser hospitalizadas a causa de los golpes que les habían propinado otras alumnas al intentar robarles la cartera en la salida del centro escolar. Las agresoras eran dos chicas del último curso de bachillerato, pertenecientes al mismo colegio, caracterizado por tener un exigente nivel académico. Más tarde se comprobó que, como en el caso anterior, también llevaban tiempo intimidándolas. El informe policial reveló a las familias de las víctimas que una de las agresoras llevaba dos años viviendo sola debido a que sus padres la habían abandonado tras la separación. Cada cierto tiempo, éstos le transferían a una cuenta personal una importante suma de dinero, lo que demostraba dos cosas: en primer lugar, que los padres entendían que de ese modo no se trataba de un abandono; y, en segundo lugar, que la joven recurría a la intimidación no porque necesitase dinero, sino más bien porque, como suele ocurrir en los casos de *bullying*, había algo en su interior que le pedía actuar de esa manera y veía el uso de la violencia como algo normal.

Después de todo, estamos acostumbrados a aceptar la violencia en sus manifestaciones más sutiles y cotidianas. Como ocurre, por ejemplo, con la *violencia consumista,* con la que se manipula a los niños y a los adolescentes para que estén siempre ávidos de objetos, de juguetes, de ropa…, pasatiempos todos ellos que les prometen una felicidad instantánea, a menudo inalcanzable, y que acaban minando su capacidad de afrontar las frustraciones de la vida. Es la *violencia de los resultados rápidos,* la que imponen héroes de la pantalla que no conocen otro modo de resolver conflictos. O esa otra *violencia que desconcierta,* como cuando un adulto dice a un menor «te pego para que aprendas», haciéndole ver que lo hace por su bien,[3] y que muchos

---

3. Jorge Barudy, *El dolor invisible en la infancia,* Paidós, Barcelona, 2003.

adultos aplauden o mantienen como una forma infalible de educación. O la *violencia que aísla,* por el color de la piel o el género. Aún hoy se les dice a algunos niños: «Los hombres no lloran», obligándoles a ocultar sus sentimientos, a mostrarse más fuertes, a jactarse de que cuanto más duros, más machos, y sin embargo se mira hacia otro lado cuando le pegan a una mujer. O también esa violencia *socialmente justificada,* como la que consideran aceptable el 43 por ciento de los españoles, que sigue creyendo que la bofetada es un buen sistema para la educación.[4] O la ejercida sobre el cuerpo con un fin estético; o la *violencia egoísta,* como la que se ejerce sobre la naturaleza, mediante la contaminación o el mal uso y distribución de los recursos...

Todas ellas son múltiples manifestaciones de una misma violencia que, paradójicamente, acaba explotando allí donde existe una mayor capacidad de vigilancia y de contención, a saber, en los colegios e institutos. ¿Cómo actuar sin activar esa escalada de tensión? Países como Suecia, Holanda, Irlanda, Estados Unidos o Escocia, desde hace más de diez años, aplican programas de detección, prevención e intervención, lo que incluye programas de información para los alumnos y para los padres, y de información y preparación para los responsables de los centros educativos. Es cierto que cada cultura tiene sus propias características, pero el que seamos diferentes a esos países no implica que, mientras buscamos cómo resolverlo, debamos quedarnos con los brazos cruzados. Y es que no se trata de averiguar cómo parar la agresividad, ese modo rápido con el que los jóvenes resuelven sus conflictos. No es eso lo que aquí nos ocupa. La agresividad no es lo mismo que la violencia. La violencia implica rabia, cólera, ira, intención de destruir... «La época en que los jóvenes se peleaban usando solamente los puños —advierte el psiquiatra Luis Rojas Marcos— ha pasado a la historia», y sin contar con que en los últimos siete años se ha

---

4. Viernes, 7 de enero de 2000. *El Mundo.* Agencia EFE. Según las estadísticas, todos los días llega a los hospitales madrileños un niño con signos de malos tratos. El 43 por ciento de la población española sigue creyendo que la bofetada es un buen sistema de educación. A juicio del anterior Defensor del Menor de la Comunidad de Madrid, Javier Urra, «el sistema judicial español ha olvidado a la víctima» y la única explicación posible al maltrato infantil es que los padres adquieren «un sentimiento equívoco de posesión».

producido un aumento astronómico del número de menores heridos por arma blanca o de fuego[5] a manos de alguien de su misma edad.

Por esta razón, y porque hay datos que se contradicen, es imposible saber con exactitud cuántos niños y adolescentes escolarizados han padecido o padecen violencia sistemática por parte de un compañero; especialmente durante el período de los nueve a los catorce años. Se estima que puede tratarse de un 48 por ciento. De ese gran porcentaje de alumnos, más de la mitad habría sufrido violencia psicológica; alrededor de un 18 por ciento habría sufrido agresiones físicas, incluidas las producidas por un arma blanca, en un 2 por ciento; y alrededor de un 2,5 por ciento agresión sexual. Probablemente (y quizá porque para las nuevas generaciones la muerte no sea sino un juego) la solución no esté en financiar a un grupo de policías para que vigile los centros, algo que ya consideran necesario tres de cada cuatro franceses.[6] Tal vez de lo que se trata es de no esperar a que la ola de suicidios de adolescentes por conflictos con sus compañeros llegue a nuestro país para que empecemos a actuar.

Quien haya leído *El señor de las moscas* recordará que la primera estrategia ideada por los niños perdidos en la isla, tras el accidente de aviación, fue la de usar, para organizarse, una caracola gigante que habían encontrado enterrada. Se trataba tan sólo de una caracola enorme, pero ellos le dieron dos significados: primero, había que hacerla sonar con fuerza, soplando por uno de los orificios, para avisar de las reuniones del grupo; segundo, sólo quien la tuviese en su mano tenía derecho a hablar y a ser escuchado. Como se puede comprender, este segundo efecto pronto perdió su poder, a medida que los chicos se fueron sintiendo solos y desprotegidos. En ese sentido, *Guerra en las aulas* pretende ser como la vieja caracola, para que quien lo lea pueda escuchar amplificadamente aquello que aún es inaudible: el murmullo de las paredes de las aulas, el dolor silencioso del *bully*, los quejidos de la

---

5. Según una entrevista realizada por Televisión Española al eminente psiquiatra doctor Rojas Marcos en los meses posteriores a la tragedia de las Torres Gemelas.

6. *El Mundo*, noticia de Agencia EFE, fechada el 29 de enero de 2000.

víctima, las dudas de algunos profesores, el desconcierto de los padres... Para que, al amplificarse, los adultos de colegios e institutos comprendan la verdadera dimensión del problema y se hagan responsables del maltrato entre niños, también cuando éste se produce fuera de sus instalaciones, si el problema se ha gestado en el aula. Para que los padres tomen conciencia de que para acabar con la violencia en los colegios se necesita una labor responsable y comprometida durante el tiempo que los chicos están en casa. Y para que la sociedad en su conjunto haga visible un problema que se agrava más cuanto menos se mira.

Obviamente, el sonido de «esta caracola» tendrá una intensidad fuerte cuando el objetivo sea ayudar a los jóvenes dañados por sus compañeros, pero también intentará alcanzar a quienes son responsables de encauzar a aquellos que permanentemente necesitan ejercer violencia sobre otro. Nadie desea que estudiantes de once, doce, catorce o dieciséis años acaben, como los personajes de la novela de Golding, de esa manera terrible en que, tras olvidar el poder de la palabra, acabaron armándose, pintándose la cara como guerreros, eligiendo un líder, y convertidos en asesinos de un compañero mientras gritaban: «¡Dadle muerte al cerdo! ¡Dadle muerte al cerdo!». En las aulas el único método para resolver conflictos debe ser el diálogo y no podemos permitir que se conviertan en lugares donde se ejerza la violencia tribal. Por fortuna, no sabemos qué gritaban los adolescentes violentos que entraron en el colegio de Oklahoma, en Estados Unidos, ni las de los chicos de Littleton, Colorado, que mataron a sus compañeros. Las que sí trascendieron fueron las que dijo el adolescente argentino poco antes de matar al compañero que le acosaba.[7] Lo que dijo fue: «Me voy a hacer respetar.»

---

7. *Pantriste* era el apodo que sus compañeros le habían puesto a Romero, un chico «flaco, desgarbado y retraído» —como el personaje de un cómic creado por el ilustrador García Ferrer— que se había convertido en poco tiempo en el centro de las burlas de sus compañeros. Odiaba su sobrenombre, y las constantes bromas sobre su forma de ser fueron el detonante del crimen. El 8 de abril de 2003, no obstante, Romero fue absuelto e internado en un centro neuropsiquiátrico. Fue absuelto después de haber matado a un compañero de dieciséis años el 4 de agosto de 2000. Lo único que se sabe de Romero es que el chico «no respondía a las burlas, se quedaba callado», según dijo uno de los testimonios que valoró el tribunal.

¿Qué es el *bullying*?

—Hablas demasiado —dijo Jack Merridew—. Cállate, Fatty [«gordo»].

Se oyeron risas.

—¡No se llama Fatty —gritó Ralph—, su verdadero nombre es Piggy!

—¡Piggy!

—¡Piggy!

—¡Eh, Piggy!

Se rieron a carcajadas y hasta el más pequeño se unió al jolgorio. Durante unos instantes, los muchachos formaron un círculo cerrado de simpatía que excluyó a Piggy. Se puso éste muy colorado, agachó la cabeza y limpió las gafas una vez más.

El señor de las moscas
WILLIAM GOLDING

El *bullying* (del inglés *bull,* toro) sirve para explicar un proceso de abuso e intimidación sistemática por parte de un niño hacia otro que no tiene posibilidad de defenderse. Esta imposibilidad de la víctima puede deberse a que está acostumbrada a ocupar ese lugar de desventaja en su familia, o bien porque se siente incapaz de enfrentarse al poder del *bully*. La consecuencia, a medio o largo plazo, de este proceso de destrucción puede ser: o que el agresor dañe físicamente a la víctima, o que ésta se deje llevar por la sed de venganza y asesine a su intimidador, o que se sienta tan sola y humillada que vea en el suicidio la única salida.

Pero hay más. El *bullying*, sin gestarse en las aulas, encuentra allí su escenario principal, que no necesita de una gran escenografía ni de un guión muy elaborado. Su argumento lo improvisan los propios actores:

- Un líder, que usa estrategias negativas para mantener el poder y el control no sólo sobre la víctima sino hacia gran parte de sus compañeros. De ahí que lleve a cabo[8] una conducta violenta basada en burlas (sobre el aspecto, forma de ser o de hablar de su víctima), insultos, robos, amenazas, golpes, rumores, con el fin de ridiculizarla o de aislarla; que sepa reírse de ella... y que la acuse de quejica cuando ésta intente apoyarse en el grupo. En estas relaciones de abuso, habrá además escasa empatía.
- Una víctima (o varias), que probablemente funcione desde hace tiempo como el chivo expiatorio del grupo. En algunos casos, esta posición de desventaja le puede dar la posibilidad de que el resto de los compañeros estén pendientes de ella y, por tanto, crea que ese lugar le da ciertas ventajas. No obstante, la mayoría de las víctimas de *bullying* entrevistadas se encontraban en esa posición desfavorable por miedo y/o pánico a su maltratador.
- Y los espectadores, es decir, el resto de compañeros que contemplan la puesta en escena del agresor y que callan porque disfrutan, porque temen estar ellos en el punto de mira, o bien porque carecen de habilidades sociales para evitarlo, y que son inconscientes de hasta qué punto puede llegar la escalada de agresividad. Lo común es que, a medida que la víctima se siente cada vez más aislada y va perdiendo interés por el estudio, porque se daña su autoestima, más se convierte en aquello que no desea: en una marioneta del *bully* y del grupo, que no dudará en seguir haciéndole daño si se comporta como él espera y puede compartir un poco de protagonismo con el líder.

Por esa razón la relación desigual entre el *bully* y la víctima no es la única que se afianza. El grupo ya ha aprendido a hacer nuevas alian-

---

8. No confundir *bullying* con *mobbing*, que se aplica más al trabajo y que busca **expulsar, sacarse de en medio** a la víctima, hacer que firme su carta de despido para no pagarle indemnización. El *bullying* es un fenómeno diferente: **consiste en** la ira de los niños y de los adolescentes, que explota en las aulas. De ahí que, aunque los actores sean los mismos (víctima, agresor y espectadores), no se trate del mismo proceso.

zas y poco a poco, sin proponérselo, va mimetizándose al acosador, y sus componentes cada vez se parecen más a él. Pero no hay que engañarse: aunque la parte más visiblemente dañada es la víctima, las heridas de los testigos mudos no son por esto menos profundas. Están cada vez más inseguros, menos iguales a sí mismos e impotentes. Como si, tras sus risas y sus burlas, tras la aparente satisfacción, tras el blindaje, el temor a verse en el lugar de la víctima, a que el *bully* encuentre en alguno de ellos otro objetivo para llevar a cabo sus nefastas acciones, sigue ahí, manteniéndolos en una posición de aliados incondicionales, tan sólo por temor.

La danza circular

El *bullying* es una danza circular, una danza que se fortalece cuanto más se solidariza el grupo con el *bully*. Mientras el poder va pasando de unos a otros (unas veces está en el *bully,* otras en el grupo y otras en la víctima), todos son dañados. También los padres y los profesores. Después de entrevistar a un gran número de niños y jóvenes que habían tenido experiencias de intimidación por parte de un compañero, o que ellos mismos habían intimidado a otros, no me sorprendió cómo un *bully* podía acabar convirtiéndose en víctima del grupo, cómo una víctima de pronto se convertía en verdugo, o cómo era ella la que por momentos controlaba al grupo desde su posición de inferioridad, actuando incluso a veces de un modo provocador. Por esa razón, y porque se trata de un problema complejo y multifactorial, hablar del *bullying* como si se tratara de mera indisciplina no me parece acertado. No es justo para nadie:

- Ni para las víctimas, porque en esa danza la mayoría llegan a sentirse cada vez más inferiores, deprimidas, lastimadas y solas, confundidas... (De ahí que pretender solucionar su dolor con más presión, por ejemplo diciéndoles «no te dejes pegar» o «tienes que ser más fuerte», produce siempre el efecto contrario: se sienten más débiles.) Y porque las cicatrices de las heridas del *bullying* que no se cierran a tiempo, a veces no se ven a corto plazo y suelen arrastrarse durante toda la vida: fracaso en los estudios, en la elección de una carrera, en diversos ámbitos de la vida de relación...

- Ni para los acosadores, porque se les permite creer que mediante la prepotencia, la agresividad y el maltrato pueden someter a sus compañeros, sin contar con que también ellos suelen ser víctimas de algún tipo de maltrato. De este modo, perpetúan sus comportamientos negativos y siguen creyendo que dañar a otros es el único modo de sentir menos dolor.

- Ni para los testigos mudos, porque se acostumbran a permanecer como espectadores pasivos ante cualquier forma de violencia y no ven nada malo en esa actitud.

- Ni para los padres, porque seguirán teniendo ideas poco claras sobre cómo ayudar a un *hijo víctima* o a un *hijo bully*. La mayoría de ellos creen que la única alternativa para frenar al *bully* es castigándole y que la mejor manera de ayudar a la víctima es sobreprotegerla. En ningún caso se plantean cómo ayudarles a salir del círculo vicioso en el que han caído, enseñándoles a ser más autónomos, responsables y fuertes interiormente.

- Ni para los profesores, porque esa violencia incontrolada que los niños ejercitan a diario a veces se vuelve contra ellos. Algo que, al parecer, ocurre de un modo virulento en los últimos tiempos.

Aunque no es fácil que los padres y la escuela se pongan de acuerdo para frenar cualquier forma de violencia escolar, resulta imprescindible que así se haga si se desea parar su propagación. En algunos países da buenos resultados el método «tolerancia cero», que consiste en reprender y/o castigar con la expulsión a quienes violen las normas antiviolencia de la escuela o instituto. En los que no funciona es porque los chicos se han dado cuenta de que ése es el modo de no ir al colegio, con lo cual la violencia es mayor. Por esa razón, han dado mejores resultados aquellas experiencias en las que se han establecido códigos de conducta bajo los cuales tanto padres como profesores ayudan a que los niños asuman, por ejemplo, las consecuencias de sus actos: muchas conductas violentas disminuyeron notablemente previniendo conflictos escolares. Resulta obvio que en esos casos hubo que trabajar conjuntamente creando un importante «trabajo en red», desde la familia, el barrio, la escuela y los servicios sociales, para generar los programas efectivos. Por ejemplo, organizando y llevando a cabo planes preventivos dirigidos a los pequeños entre cuatro y doce años, y antes de que hábitos desfavorables se hubieran consolidado.

Hablarles y enseñarles a los niños mientras son altamente influenciables, y cuando todavía existe la oportunidad de reforzar el desarrollo de la compasión, del interés, de la tolerancia, del sentido de autocrítica y de la empatía, de esa capacidad de ponerse en las circunstancias «del otro», es un procedimiento altamente positivo para empezar a vencer el *bullying*, pero entre todos: informando y ayudando tanto a las víctimas como a los agresores. Esto no quiere decir que sea fácil ni que se pueda conseguir a corto plazo, pero sólo habrá buenos resultados si colaboramos todos para enseñar desde pequeños a los niños y niñas destrezas que les ayuden a ampliar el umbral de tolerancia a la frustración y puedan así en el futuro resolver conflictos sin necesidad de agredir, amenazar, insultar o burlarse.

Por esta razón, no sé hasta qué punto hacer más duras las leyes de responsabilidad del menor puede resolver problemas como el *acoso entre iguales*. En la mayoría de los casos la raíz de la violencia en los colegios está en otras instancias previas: en la falta de autoridad de los profesores, en la incapacidad para detectar a las víctimas, en el hecho de que ni las víctimas ni los agresores hablen de sus problemas en la escuela o con sus padres, en la organización escolar, en la falta de disciplina en casa… Y en el hecho de que en las escuelas o institutos no existan lugares apropiados para ayudar a las víctimas, donde los testigos puedan denunciar sin temor a ser ellos la próxima víctima, donde cada alumno pueda ensayar y tener una guía apropiada para volver a poner en práctica sus habilidades de relación a fin de reintegrarse al grupo.

Porque no habría que olvidar que, como afirma el psiquiatra Rojas Marcos, «las semillas de la violencia se siembran en los primeros años de vida, se cultivan y se desarrollan durante la infancia y comienzan a dar sus frutos malignos durante la adolescencia».

¿Cómo hemos llegado hasta aquí?

Es evidente que la violencia entre iguales no es algo nuevo o reciente, pero quizás sí ha llegado el momento de dejar de mirar para otro lado: hay que actuar, hay que hacer algo. La razón más poderosa es que las nuevas generaciones se pueden acostumbrar a trivializar la violencia. Yo misma he oído a un gran número de jóvenes, fundamentalmente testigos pasivos del *bullying,* narrar las intimidaciones sufridas por algún compañero y hacerlo con la misma naturalidad con que eran capaces de relatar un partido de fútbol de su equipo preferido o un capítulo de una serie de moda. Yo misma escuché de boca de un adolescente de catorce años cómo maltrataban entre varios compañeros a uno que había llegado hacía poco al instituto, simplemente porque les parecía un «empollón». O el caso de Laura, una estudiante de trece años de un colegio de Madrid, que destaca en su grupo por sus notas y por ser una adolescente bellísima, y que se siente cada vez más odiada por unas compañeras, que le hacen el vacío. La tiene que acompañar al colegio su hermana mayor, porque teme ir sola. Confiesa tener miedo a varias de sus compañeras, que, tras encerrarla en la sala de música, le destrozaron la mochila y los libros. Cuando finalmente conseguí hablar con una de las agresoras, me explicó que lo habían hecho porque se trataba de una apuesta.

Y es que no se trata de adolescentes con un problema de conducta o de simple rebeldía. Cuando este tipo de episodios son tan frecuentes, cuando hay una víctima que los padece, es necesario indagar en otros aspectos: el rol que cumple ese hijo en la familia, qué ocurre de puertas adentro en el centro educativo en que se desarrolla el *bullying,* hasta qué punto influye la educación de género, qué relación hay entre violencia y moda, si el alumno o la alumna son víctimas de maltrato... Hay que empezar a hablar claro de todos esos temas, porque no se trata únicamente de definir un único lugar donde pueda estar el problema, sino en ver qué factores impulsan la ola de violencia para que explote en las aulas y empezar, desde donde le compete a cada uno, a trabajar, ahora, ya.

La desestructuración de la familia tradicional

Probablemente, la ruptura de la familia tradicional, que ha dado paso a nuevos sistemas familiares, ha sido uno de los cambios más significativos de los últimos tiempos. Las nuevas familias constituyen grupos en los que conviven o circulan niños y adolescentes de distintos matrimonios o convivencias. En medio de este cambio, es donde los niños y los adolescentes asumen roles variados: el hijo menor del primer matrimonio, el que funciona como lazo de unión entre la antigua y la nueva familia, etc. Y muchos padres han pasado el testigo de la responsabilidad de la educación de sus hijos al colegio.

También este nuevo tipo de familia no-tradicional ha dado paso a otras formas de establecer vínculos, de mantenerlos y/o de abandonarlos. Se habla hoy de lazos más débiles, de vínculos esporádicos, que lleva a los hijos de un polo a otro, emocionalmente hablando. Es decir, de no aferrarse a nada ni a nadie para no sufrir, llegando al extremo del «todo vale con tal de que estemos juntos». En este sentido, no hay que olvidar que también los hijos han experimentado transformaciones —a partir de estos cambios— en la forma en que se organizan para la convivencia, en lo que entienden por afecto, sexualidad o compromiso emocional.

Centros educativos de puertas adentro

Hay colegios que son verdaderas «fábricas» de *bullying*. Eso ocurre, entre otras cosas, por las siguientes razones: carecer de pautas claras para hacerle frente, otorgar privilegios a determinados niños en detrimento de otros, ejercer los profesores distintas formas de violencia mientras dan el doble mensaje de que el diálogo puede resolver conflictos, usar (y abusar) de los castigos como único remedio para mejorar una conducta, etc. Sin duda, en tales casos se produce una falta de propuestas pedagógicas concretas para enfrentar el tema de la violencia, pero también de una gran falta de apoyos extraescolares para resolver los conflictos. Como me dijo el director de un colegio concertado de primaria: «Nosotros preferimos resolver nuestros conflictos sin aportaciones externas para que el niño no nos vea débiles a la hora de ayudarle a encontrar soluciones a sus problemas». Una respuesta que me pareció aceptable, hasta que descubrí que algunos de los que trabajaban en ese colegio formaban parte de la misma familia, desde el director hasta varios de los docentes y que, debido a los intereses comunes, los padres se hallaban desprotegidos a la hora de quejarse (por cierto, eso es algo común en las guarderías, donde los que las regentan suelen ser familiares). Pero lo peor fue descubrir que algunos de los métodos habituales para tratar allí a los niños, desde los tres años de edad, eran los castigos y la degradación moral. Lamentablemente, mientras escribo este libro, estoy al tanto de una experiencia dolorosa con un niño de cinco años en dicho colegio. Al parecer, el niño le hizo un gesto obsceno a su maestra, sin saber su significado. La docente no tuvo mejor idea que colocarle una pinza de madera de la ropa en el dedo con el fin de que le doliera, algo que la escuela niega, asegurando que el único fin era ridiculizarlo. (El dolor moral duele menos que el dolor físico porque no se ve a simple vista.) A la semana siguiente, el niño vuelve a hacer el mismo gesto desconociendo su significado, y la maestra se pone tan nerviosa (tal como se lo dice a la madre del niño) que no tiene mejor idea que acostarlo y taparle la cabeza para invisibilizarlo, para no verlo, obviamente diciéndole al niño que lo coloca allí para pensar. Paralelamente, el niño se queja a su madre de que otros niños del colegio se burlan de él y de su nombre. ¿Quién controla el trabajo y los métodos pedagógicos llevados a cabo por esta maestra? El director dice no saber nada de la práctica de la pinza, pero asegura que no ha tenido otro objetivo que remediar una conducta negativa y que ha sido un castigo previamente acordado con los niños. ¿Hasta dónde se puede controlar y hacer un seguimiento real en un colegio privado concertado cuyos directivos y equipo docente manejan este tipo de argumentos?

Según investigaciones recientes llevadas a cabo en Australia, se ha demostrado que en algunas escuelas de ese país se aceptaban valores que fomentaban la violencia, mientras que en otras la violencia se ejercía principalmente fuera de las aulas. Dicho estudio constató que, en el primer caso, la aceptación de la violencia estaba directamente relacionada con la falta de autocontrol de los profesores y con las acciones disciplinarias que éstos seguían. En los casos de las acciones disciplinarias que los docentes llevaban a cabo y que eran capaces de traumatizar a los alumnos, existía una directa relación con la inexperiencia y la falta de vocación (muchas personas llegan a la docencia cuando no pueden acceder a otras carreras). Probablemente, en colegios como los mencionados anteriormente haya que empezar por reeducar a los docentes enseñándoles a aplicar protocolos basados en el enfoque de no culpar, como se hace en el Reino Unido, donde se establecen límites, pero sin responder con una agresión; o bien el modelo belga, donde cada profesor de un colegio o instituto tiene una función determinada para solucionar problemas como el de la violencia en las aulas y al que se puede recurrir siempre que se necesite, independientemente del curso al que vaya el alumno. Pero siempre comenzando por reconocer que hay un patrón de mal comportamiento y que éste debe ser modificado mediante la no violencia. En el caso de un niño pequeño, sin duda, el camino más directo es establecer un vínculo positivo preocupándose por su bienestar, ya que es a partir de éste desde donde se verán los efectos a largo plazo.

La educación de género

Según confirma la mayoría de los estudios sobre violencia en los colegios, los *bullies* son casi siempre varones. El hecho de que un *bully* se ensañe más fácilmente con una chica que contra otro chico demuestra que la educación de género también contribuye a las malas relaciones entre iguales. Los *bullies* tienden permanentemente a discriminar a sus víctimas cuando éstas son las chicas.

En algunos colegios, existen grupos más poderosos simplemente por estar de acuerdo con una ideología o por el simple hecho de ser «varones». Éste es uno de los motivos frecuentes para que el *bullying* se instaure. El sociólogo Erik Pescador Albiach abre otra puerta para la investigación, al llamar la atención sobre las relaciones de género entre adolescentes:

La sociedad de cambio y el continuo estado de crispación, entre otras cosas debido al falso estado de bienestar, es uno de los muchos factores que acrecientan este tipo de conductas antisociales. Pero además los varones, en esta crisis de roles, se aferran a los modelos comportamentales clásicos y no cuestionados del patriarcado. La violencia, considerada como un valor patriarcal, les asegura el mantenimiento del estatus y del poder frente a los demás. Por otra parte, los jóvenes están sobreestimulados por heroínas y héroes que, desde el cine y los videojuegos, presentan la violencia física o la presunción de la misma como medio para obtener dinero, fama y reconocimiento. Y lo ven en el mismo nivel: salvar a la chica, ganar dinero o matar a los malos...[9]

Esta promoción de la acción, el acto por encima de la razón o el sentido común, los lleva a actuar de modo impulsivo y compulsivo, buscando en la mayoría de los casos sólo prestigio y poder. Finalmente hay que recordar que la discriminación comprende también la tendencia a excluir a los individuos que provocan problemas. Para muchos chicos, las chicas, por el solo hecho de ser mujeres, hacen todo mal, como conducir, jugar con la consola, en un juego de ordenador, o cualquier cosa con la que ellos estén acostumbrados a definirse.

La soledad invisible de los chicos

Dice el prestigioso psiquiatra y terapeuta familiar Jorge Barudy: «Ser moderno implica ser único, original, individualista y consumidor». En los últimos tiempos, la exaltación de la individualidad y la búsqueda del éxito social a cualquier precio ha conducido a que la gente se olvide de la vida familiar y dedique la mayor parte de su tiempo al trabajo, para lograr un mayor bienestar material. La consecuencia inmediata de este estilo de vida es el hecho de que los niños

---

9. Entrevista personal con la autora.

y los adolescentes pasen mucho tiempo solos en casa y que los padres no vean los peligros del abandono, o tal vez falta de comunicación. El abandono, entendido —y percibido— como una forma de maltrato, puede ser el primer eslabón de una cadena de acontecimientos de violencia. En estos casos, el niño o la niña abandonados aprenderían desde muy temprano a colocarse en un punto intermedio y, por lo tanto, menos doloroso: en tanto que maltratador, el *bully* hace lo mismo que ha visto y que ha sufrido desde su posición de maltratado (pues el abandono es, al fin y al cabo, otra forma de maltrato). Pero el psiquiatra y terapeuta familiar J. Barudy hace, además, una excelente distinción sobre «la carrera moral de los niños abandonados».[10] Distingue entre «abandono», «negligencia» y «rechazo parental». «En los casos de abandono —dice el doctor Jorge Barudy— los padres no asumen de ninguna manera la responsabilidad de cuidar y proteger mínimamente a sus hijos.» La negligencia sería el acto, voluntario o no, de mal cuidar y/o proteger a los hijos. Y el rechazo parental, una forma de maltrato psicológico, ya que si bien se le cuida y se le protege, no se le acepta como un sujeto independiente y sólo idéntico a sí mismo.

El doctor Barudy llama también la atención sobre otro modelo social que produce fuentes estresantes y que puede facilitar, por lo tanto, la aparición de la violencia. Y es que en medio de esta situación de soledad los niños y los jóvenes abandonados suelen vivir sometidos a una sobreestimulación ambiental, algo típico de una sociedad como la nuestra, donde prácticamente desde que empiezan a hablar los niños reciben un exceso de información en todos los órdenes, lo cual está empezando a preocupar a los profesionales de la salud. «Un medio ambiente demasiado rico en información y estimulación puede facilitar la violencia. En este caso estamos en presencia de una violencia agresiva, que es la consecuencia de una sobrecarga de estímulos ambientales estresantes», especialmente en lo que se refiere al

---

10. Jorge Barudy, *El dolor invisible de la infancia. Una lectura ecosistémica del maltrato infantil,* Paidós Terapia Familiar, Barcelona, 2003, p. 110.

carácter consumista de la sociedad y al aglutinamiento en las grandes ciudades. De hecho, hoy en día, para muchos padres resulta complicado explicarles a los hijos el valor del esfuerzo y de la responsabilidad a largo plazo, en un mundo donde todo ocurre, se consigue y se pierde tan rápido.

Maltrato en el hogar

Sin duda, el abandono no es la única causa para que un niño arremeta contra otro en la escuela de un modo sistemático. En la mayoría de los casos los niños que necesitan sacar de este modo la ira son niños que han recibido o reciben algún tipo de maltrato, en algún momento de su historia o en el hogar. No hace mucho, en un colegio de una barriada de Barcelona, un adolescente entró con un arma en un colegio y mantuvo retenidos a un grupo de niños de cuarto grado, curso al que iba su hermana. Después de varias horas de incertidumbre y una vez atrapado el joven por las fuerzas de seguridad, éste aseguró que su único objetivo era pedir un rescate porque su familia necesitaba dinero. Este niño, se supo después, era víctima de maltrato físico y psicológico por parte de su padre. Obviamente no nos referimos aquí a un caso de *bullying,* pero sí a cómo las relaciones familiares determinan el comportamiento violento. En este caso se trataba de un joven que no dudó en ejercer sobre otros de menor edad la violencia que él recibía. Y es que no hay que olvidar que la familia, como agente de transmisión de cultura, especialmente en la primera infancia, marca lo que posteriormente potenciará o reprimirá la educación escolar y el contacto con otras personas, ayudando a desarrollar y construir la personalidad.

En otro orden, tampoco hay que olvidar que el castigo físico y el maltrato emocional son generadores de agresividad. El maltrato infantil y juvenil dentro del ámbito doméstico es el más fácil de invisibilizar, debido a que la familia lo guarda como un secreto familiar, o bien porque lo entiende como una costumbre. Sus víctimas suelen ser niños y adolescentes, e incluye básicamente cuatro tipos de situaciones: el daño físico, el daño psíquico o emocional, la negligencia y/o abandono, y el abuso sexual. Un gran número de familias que he entrevistado consideraban que la violencia es un procedimiento aceptable para resolver conflictos, lo que lleva a perpetuar estos métodos a la generación siguiente en un 20 o un 30 por ciento: la mayoría de los niños maltratados se convierten en niños problemáticos en la escuela, maltratan a otros niños y, posteriormente, terminan siendo adultos que maltratan.

CÓMO DETECTAR EL MALTRATO FÍSICO

El maltrato físico muestra una violencia evidente y es por lo tanto más fácil de detectar. Suele haber lesiones que los padres, tutores o cuidadores intentan confundir con lesiones accidentales. Se trata de hematomas, fracturas, quemaduras, heridas cortantes... Los factores que hacen sospechar que ciertas lesiones no son accidentales son las discrepancias entre el relato de lo acontecido y las lesiones que se observan. Por ejemplo, ante lesiones en ambos lados del cuerpo del niño, los padres aseguran que el niño se las hizo cuando cayó de la bicicleta; o el hecho de que tarden en acudir a la consulta desde el momento del accidente; o bien porque los padres, si bien se muestran dispuestos a colaborar, no muestran angustia ante la magnitud de las lesiones, cosa que sí ocurre con los niños accidentados.

Maltrato emocional

El maltrato emocional tiene diferentes registros y, si bien suele ser previo al maltrato físico, suele desembocar en éste. En muchas ocasiones se produce por falta de comunicación, de ternura, de diálogo, de comprensión de los deseos de libertad del hijo, incluso por falta de seguridad afectiva. También, como consecuencia del maltrato físico, el niño o el adolescente siente que él no cuenta y poco a poco se acostumbra a ese tipo de maltrato silencioso, sin gritos, sin golpes, invisible o disfrazado incluso de discursos vacíos acerca «del bien» y «del mal» o de caricias falsamente tiernas que le vuelven cada vez más inseguro. La negligencia y el abandono también son dos formas de maltrato emocional evidente.

Esta desatención puede provocar cuadros de desnutrición de segundo y tercer grado (sin que exista al comienzo ningún factor orgánico que la determine), descuido frente a situaciones peligrosas y accidentes frecuentes, vacunaciones incompletas, deserciones escolares, desconocimiento de actividades extrafamiliares, desinterés, etc. En la mayoría de los casos estos niños no dan ninguna muestra de dolor. El maltrato emocional por esa razón no deja huellas visibles, incluso el joven puede parecer perfectamente adaptado a la sociedad, con un elevado rendimiento en la escuela, y solidario. Hasta que un buen día, ante un abandono o una situación que requiera su compromiso afectivo estalla, se quiebra, huye. No sabe cómo se hace para vivir por cuenta propia y no sabe adónde ir. Hay miles de niños «de buena familia» que llevan a cuestas el desamor de sus padres, mientras que lo único que han recibido es hostilidad verbal, crítica o amenazas de abandono.

Los padres de Teresa (catorce años) tienen problemas económicos y problemas de pareja. Ella y su familia viven en una zona obrera de Tarragona. Ésta es la excusa que pone el padre cuando se le pregunta si hay un problema en el hogar. Según la joven, su padre lleva tiempo maltratándola psíquicamente, humillándola por sus errores, riéndose de ella cuando está con sus amigas, evitándola cuando ella quiera saber qué le pasa. Es verdad que nunca la ha dañado físicamente, pero a cambio la ha golpeado moralmente con sus actitudes, gestos y palabras: «Mi padre nunca me llama por mi nombre, siempre utiliza una burla para hacerlo, me dice "tarada", "tontita, ven aquí". Después le hablo y no me contesta. Me hace sentir que no existo. Ahora llevo más de dos meses que mis amigas no me hablan, no sé qué les pasa. Ellas murmuran de mí cosas que no son buenas».

Maltrato ideológico

Es una forma de maltrato más sutil, pero no menos dañina. Según el doctor Barudy[11] aparece cada vez que un sistema humano cree que su modo de ver el mundo es único, que sus creencias son verdades absolutas, defendibles incluso frente al valor de la vida. Por ello el maltrato ideológico es la consecuencia de la violencia ideológica. La violencia ideológica puede llevar incluso a la violencia física, ya que las creencias que la sustentan impedirían poner en marcha los mecanismos necesarios para frenar la agresividad.

Raúl era un alumno excelente, lo cual servía para ocultar, en la escuela primero y en el instituto después, su verdadero drama: tener unos padres que lo maltrataban ideológica y físicamente. No sólo había dormido hasta la edad de once años con sus padres, que así lo tenían mejor vigilado, sino que ambos le tenían prohibido tener amigos o salir de casa por miedo a que le pasara algo, hasta el punto de que siempre uno de ellos debía acompañarlo a la escuela. Durante el camino, al igual que cada día a la hora de la comida, su padre le repetía que debía pensar como él si quería triunfar en la vida, cuando en realidad él era un hombre fracasado que llevaba a sus espaldas un matrimonio basado también en el maltrato mutuo. Por las noches, cuando Raúl ya se había dormido, su padre le pegaba por lo que pudiese hacer al día siguiente. Un maltrato ideológico que sirve para legitimar los castigos y la destrucción de la personalidad de los más pequeños si éstos no obedecen.

Pero el drama de Raúl no acababa allí. Cada día de su vida había estado impregnado de repetidas historias contadas por el padre con las que le demostraba lo que le podía ocurrir si se separaba de ellos. No es difícil comprender por qué Raúl fue durante muchos años víctima de *bullies,* hasta los dieciséis años, y el hazmerreír de los compañeros de la universidad cuando se fue a estudiar Derecho, tal y como quería su padre, para alejarse de su familia. Más tarde se graduó y se casó pero no pudo ejer-

---

11. Jorge Barudy, op. cit., pp. 126, 128, 129.

cer su carrera porque se le diagnosticó una enfermedad mental. Su mujer lo denunció por malos tratos.

CÓMO OBSERVAR LOS EFECTOS DEL MALTRATO EMOCIONAL EN NIÑOS QUE ENTRAN EN LA DINÁMICA DEL *BULLYING*

No es fácil observar los efectos del maltrato emocional en niños. Cuando son pequeños, en el vínculo de apego entre el niño y el adulto (niños que rechazan el contacto con la maestra), en los bajos niveles de adaptación y funcionamiento social, y en las dificultades para establecer vínculos amistosos. Cuando son mayores, en los problemas con los iguales, problemas con la comunidad, problemas de conducta (agresividad y conductas antisociales), trastornos en el plano cognitivo y en la resolución de situaciones problemáticas, fracasos escolares. A menudo, los comportamientos de tristeza y depresión, baja autoestima, inestabilidad emocional, tendencias suicidas; temores y síntomas físicos (más frecuentes en los niños pequeños), que denoten falta de progreso, pérdida del apetito, insomnio, o enuresis, son señales que habría que tener en cuenta, así como mostrarse muy cauteloso ante el contacto físico con otros adultos, aprensivo cuando otros niños lloran, conductas extremas (como rechazo o agresividad), miedo a sus padres, a volver a su casa, a que terminen las clases.

El agresor, la víctima y el grupo

Marcos tiene trece años, labio leporino, dos intervenciones quirúrgicas para corregirlo, y un padre que lo castiga físicamente por cualquier motivo, no lo reconoce como alguien diferente y no lo respeta. Marcos repite en el colegio lo que ha aprendido en su casa y se relaciona con otras personas provocando conflictos, generalmente con agresión, y en especial hacia Juanito, en quien ha visto un blanco perfecto. Juanito es el tímido de la clase, lleva el pelo muy corto, tiene la cara llena de granos, usa gafas, y no sabe cómo defenderse de Marcos. El resto de sus compañeros no saben cómo actuar, así que callan para evitar formar parte del club de la víctima, con lo que la ola de violencia sigue su curso. De las esporádicas burlas se ha pasado a los frecuentes empujones, a los codazos, a esconder sus pertenencias... En el recreo Juanito ya no se relaciona con ninguno de sus compañeros, sólo está atento a no responder y a evitar las provocaciones de Marcos, que cada vez parece estar más nervioso.

El modo en que la víctima maneja su impotencia no difiere mucho de cómo lo hace su hostigador. Durante el proceso del *bullying* ambos forman parte de un mismo circuito de miedo y necesidad. Es probable que en algún momento Juanito llegue a la conclusión de que la soledad es la única salida, después de haber intentado agradar y de hacer todo lo que su agresor le ha pedido, pero la soledad no será en cualquier caso el resultado de una decisión sino la consecuencia de su impotencia. Y no porque la víctima sea un niño o un adolescente naturalmente débil, inseguro, sobreprotegido en casa y con baja autoestima. Estas características suelen aparecer mucho después y como resultado de quienes sufren en silencio el acoso.

Un grado altísimo de miedo e impotencia magistralmente descrito por Hermann Hesse cuando pone en boca de Sinclair, uno de los protagonistas de *Demian:*

> [...] mi ruin relación con Kromer [refiriéndose a un niño mayor que lo extorsionaba] no terminó hasta que le pagué la suma debida a costa de pequeños hurtos. Ahora Franz [Kromer] conocía esos hurtos porque me preguntaba de dónde sacaba el dinero; de esta forma me tenía más que nunca en sus manos. [...] A menudo sentía que todo tenía que ser necesariamente así, que sobre mí pesaba un maleficio y que era inútil querer romperlo.[12]

---

12. Hermann Hesse, *Demian*, Alianza Editorial, Madrid, 1982, p. 46.

¿Y el grupo? ¿No comparte con el *bully* y la víctima otro tanto? Lógicamente, y la diferencia está en cómo unos y otros la viven y la canalizan.

En el caso del agresor —generalmente víctima de algún tipo de maltrato—, la falta de control le lleva a que su ira, su agresividad y su rabia ante la impotencia se desborden y arremeta contra aquel de quien previamente ha comprobado que no va a defenderse. Comúnmente, la incapacidad para defenderse por parte de la víctima llama su atención, porque es donde él se ve reflejado. Mientras él asume un papel poderoso, su miedo ante el maltrato queda apaciguado. Razón más que suficiente para pensar que si la víctima ha sido estigmatizada previamente por el grupo a causa de algún detalle que llama la atención —tener orejas grandes, llevar gafas, ser albino o pelirrojo—, eso no significa que sea también la elegida por el *bully*. Al contrario, en ocasiones sucede que esos caracteres pasan inadvertidos a los ojos del *bully* cuando el jovencito o la jovencita en cuestión sabe defenderse asertivamente.

El grupo y la víctima se sienten impotentes porque no conocen la puerta para salir del círculo vicioso. No saben cómo ni a quién pedir ayuda.

El papel del grupo

¿Cómo llega el grupo a convertirse en protagonista siendo un espectador pasivo? En la dinámica del *bullying*, el conjunto de los compañeros que no ocupan el lugar del agresor ni de la víctima, junto con los padres y profesores, conforman el gran grupo de los espectadores. Pero así como los padres y los profesores suelen enterarse de lo que ocurre mucho más tarde, cuando ya parece casi imposible poder poner medios para frenarlo, el grupo recibe la experiencia de primera mano. Ahora bien, ¿qué pasa con el grupo que se siente impotente y que tiene una experiencia temprana de violencia entre iguales? Que obviamente tendrá más posibilidades de repetir esa experiencia en los años sucesivos. Por ejemplo, un grupo que continúa junto desde primaria hasta los dieciséis o diecisiete años y que no ha hecho nada para frenar la violencia de unos niños contra otros tendrá más posibilidades de experimentarla, y con graves consecuencias, teniendo en cuenta que, cuando el grupo llegue a los trece o catorce años, se tratará ya de procesos de *bullying* fuertemente arraigados, debido a que gran parte del grupo ha aprendido a oscilar entre el dominio y la sumisión frente a un líder negativo, rompiendo con la regla generalizada de que, a medida que los niños son mayores de catorce o quince años, la violencia tal vez tienda a disminuir. En los casos en que el *bullying* está arraigado, el grupo le dará poder a cualquiera que obtenga cierto estatus.

Diego lleva desde quinto curso comportándose como un *bully*. Ahora tiene quince años y lo único que ha cambiado de su historia escolar es su edad y sus víctimas. Sabe cómo conseguir el aplauso y la admiración de la mayor parte de sus compañeros burlándose de los más débiles. Desde el primer año de secundaria ha logrado desestabilizar emocionalmente a dos de los niños que hasta ahora eran los más queridos. A uno, haciéndole creer al grupo que todo cuanto el otro dice o hace es ridículo. Del otro, murmurando a sus espaldas cuestiones relacionadas con su «dudosa» (según él) condición sexual. Lo sorprendente es que, mientras los jovencitos en cuestión cambiaban de colegio, en la última sesión para designar a un delegado Diego era el elegido por sus compañeros por unanimidad para ocupar el cargo, a pesar de que en privado esos mismos compañeros consideraban que merecía un castigo por el daño que les había hecho a los dos chavales.

¿Diego había alcanzado estatus sólo por «sacar del medio» a aquellos compañeros que podían opacar su fama? Resulta fácil comprender por qué no. A veces el estatus se alcanza oponiéndose a los profesores y ganándoles alguna partida en clase para avergonzarlos o ridiculizarlos. En otros casos, la «fama» del *bully* se mantiene porque se manifiesta como un ideal colectivo: usar ropa de determinado tipo de marca y color; llevar un corte de pelo en concreto; o fumar, además de poseer una gran habilidad para competir y un hábil manejo del lenguaje no verbal (como la mirada). Es decir, se valdrá de todo lo que le sirva para ser un punto de referencia para los compañeros y alguien a quien temer. Su objetivo es mantenerse como «personaje dominante» y agresivo para impedir que el grupo busque una respuesta para calmar tanta agresividad, por ejemplo a otro líder capaz de ofrecer un comportamiento liberador de la agresividad colectiva.

Cuando el grupo es también un testigo victimizado

En realidad existen muchas formas en que un grupo puede ser manipulado por un líder, y una de ellas es cuando se convierte en un testigo atemorizado. De hecho, la aparición de un niño maltratador es la consecuencia de que el grupo sienta miedo por un motivo que se gestó independientemente de la aparición del niño problemático. Por ejemplo, cuando se trata de niños pequeños, la figura del líder negativo suele adquirir más relevancia después de un episodio en el que predomina la confusión. Tal es el caso de lo que ocurrió en un grupo de preescolar, en una escuela privada de los alrededores de la ciudad de Toledo.

A poco tiempo de empezar el ciclo escolar, cuando aún el grupo se estaba adaptando al nuevo ritmo, una de las dos mascotas del aula se escapó y, desafortunadamente, un niño la encontró muerta cerca de un desagüe que daba al patio. A los pocos días, llega una nueva maestra. Algunos niños escuchan que los padres hablan de que a la maestra titular se le había muerto el bebé. Poco a poco el grupo va perdiendo el control. Los diez niños más movidos arremeten frecuentemente contra otros, están nerviosos, e inesperadamente se dan conflictos de agresión a las niñas. Se produce una progresiva espiral de miedo e inseguridad que ningún adulto percibe como consecuencia de los dos hechos ocurridos. Las docentes a cargo en ese momento, en lugar de hablar con los niños para hacer visible el problema, amenazan con castigos. Dos niñas no quieren ir al colegio porque temen a sus compañeros.

Es entonces cuando las docentes definitivamente creen que hablar con el grupo para averiguar qué ocurre sería contraproducente. La única medida que se toma, con el objetivo de frenar el proceso hostil que ya está en marcha, es minimizar cualquier conflicto con el «aquí no ha pasado nada», lo cual no aporta ninguna solución. Al contrario. Dos de los niños que habían dejado atrás el hábito de morder vuelven a hacerlo y se convierten en líderes negativos. No sólo muerden sino que han pasado de la burla o los empujones a la agresión física. Se ha producido un importante desgaste psicológico tanto en los agresores como en los agredidos y en las profesoras, con lo que aumenta el descontrol. Las niñas que antaño no querían acudir a clase ahora se niegan rotundamente a ir a la escuela y manifiestan vómitos, náuseas, fiebre, dolor de cabeza, problemas para dormir.

Ante la imposibilidad de que algún adulto pudiera representar una adecuada barrera de contención se pide la supervisión de una psicopedagoga. Tras una serie de observaciones y conversaciones con los niños, la psicopedagoga se da cuenta de que éstos promueven situaciones de omnipotencia frente al miedo a la muerte, al abandono y a la soledad. También se concluyó que, cada vez que los padres explicaban a las docentes que las niñas no querían ir al colegio porque tenían miedo, las docentes confirmaban la fantasía de que las que solicitaban ayuda eran de algún modo más débiles.

¿A qué nivel tuvo que llegar la agresión para que ésta fuera entendida por los responsables del centro como violencia? ¿Estaban los escolares tratando de elaborar estas sensaciones atemorizantes con las mismas armas que muchas veces los adultos utilizan para elaborar sus propias vivencias, como la agresión? No cabe duda. Como tampoco cabe duda de que, si ante la muerte de la mascota y la ausencia de la maestra se hubieran encontrado los canales adecuados (como la plástica, la expresión corporal, o la música) para expresar el miedo al abandono, muchos de los episodios desagradables vividos por estos niños se hubieran evitado.

Como es lógico, éste es sólo un ejemplo. Existen otras formas en que un grupo se puede convertir en testigo atemorizado. Por ejemplo, cuando se trata de niños más grandes, e incluso de adolescentes, que funcionan ante la violencia como espectadores pasivos y sienten que no tienen suficiente autoridad para volver a encauzar la jerarquía, por lo que suelen encontrar como única salida el silencio o el fanatismo, si al reemplazar las normas del colegio por aquellas que ha instaurado el *bully* logran recuperar cierta fuerza de protección. De este modo, el grupo previamente victimizado se convierte en un sucedáneo del *bully* abriendo nuevos cauces para la violencia interpersonal, y cualquier integrante corre un alto riesgo de ser la próxima víctima. Porque el *bully* no mide su prepotencia...

Las experiencias con adolescentes llevadas a cabo en Suecia para frenar el *bullying* por intermedio del grupo siguen básicamente dos modelos para que el resto de los compañeros no se conviertan en testigos victimizados: 1) implicar al grupo en una participación como agente observador; 2) darle medios para que actúe como mediador.

En el primer caso, los expertos han detectado tres consecuencias: a) los alumnos que apoyaban al *bully* se habían dado cuenta de que éste crece únicamente cuando encuentra espectadores; b) que el *bullying* es el resultado de una desigualdad de poder dentro del grupo que se manifiesta en una voluntad de dañar por dañar (de ahí que se trate de una «violencia gratuita»); c) que los efectos de esta forma de violencia invisible no sólo son graves para las víctimas sino también peligrosas para el grupo.

La segunda experiencia, la de implicar al grupo como mediador, no hacía más que agravar el problema. De hecho, lo que se había pensado era que si los testigos pasivos eran capaces de compartir la responsabilidad de lo que estaba ocurriendo con los profesores, fácilmente se pararía la ola de agresividad, pero lo cierto es que, cuando el grupo descubrió que podía tener más poder dentro del aula, su excitación también aumentó y la ola de violencia fue mayor. Pero hubo otra consecuencia: una gran pérdida de autoridad por parte de los profesores. Finalmente se acordó que dicha experiencia sólo podría llevarse a cabo en aquellas escuelas donde los grupos fueran reducidos y hubiera normas claras de convivencia.

El grupo también maltrata

No hay que olvidar que el *bullying* siempre delata un abuso de poder, un poder que no está exclusivamente en manos del líder sino también del grupo. No hay que imaginar grupos enfrentados como si se tratara de pandillas para comprender cómo funciona esta forma de violencia. Al contrario, rara vez hay pandillas, rara vez la víctima tiene compañeros que le defiendan y se enfrenten al grupo más fuerte. Generalmente la mayor parte del grupo está contra él o ella. Del mismo modo, es un error pensar que cuando un grupo tiene poder es porque hay un líder que es un *bully*. Existen razones que se explicarán más adelante en las que un grupo adquiere poder sobre uno o varios niños cuando éstos han sido ridiculizados por parte de algún adulto. Pero volvamos al grupo que tiene un *bully* por cabecilla y que abusa de su poder frecuentemente porque tiene menos aprensión[13] que el resto a la hora de maltratar a otro. Este grupo que maltrata no es menos dañino que lo que puede ser su líder cuando ejerce una violencia sistemática con la intención de dañar.

Hay que recordar que es el grupo el que permite al *bully* usar y extender la violencia hacia más personas, incluidos los profesores, y a otros espacios de la escuela (el patio,[14] el baño, los pasillos, el autobús). Es el grupo el que colabora para que los tentáculos de la violencia se extiendan hasta diferentes ámbitos. Una «extensión» que al mismo tiempo les permite participar proporcionando a veces los medios necesarios consciente o inconscientemente para que lo que ocurre en el grupo sólo quede «entre ellos», teniendo en cuenta que esa cerrazón puede ser peligrosa para el propio grupo. En este sentido el etólogo Konrad Lorenz, al comparar la con-

---

13. Desde hace unos años, en algunos países como Estados Unidos existen leyes anticrimen que han permitido juzgar como adultos a pequeños de hasta siete años. Personalmente, no estoy en condiciones de decir si esas leyes son positivas o si no lo son, pero lo cierto es que, en los casos en que esos jóvenes se han incorporado a la sociedad, la mayoría ha buscado grupos más agresivos para dar un significado a sus vidas, como tribus de ideologías extremas donde sus integrantes se regocijan en la intimidación.

14. En la zona donde se producen los mayores conflictos, como el patio de los colegios (donde se producen el 49 por ciento de las agresiones) o a la salida, un *bully* puede comprobar fácilmente hasta dónde el grupo depende de él con sólo provocar un poco a las que ve como posibles víctimas. Una «actividad» que también podrá llevar a cabo en los cambios entre clase y clase o en las inmediaciones del centro escolar.

ducta animal y humana, dice: «La acumulación de reacciones agresivas puede llegar a convertirse en perjudicial, e incluso en peligrosa, de una manera directa cuando una pequeña comunidad está aislada por completo de congéneres en los que poder desahogar los impulsos acumulados».[15] ¿No son acaso ciertos grupos comunidades tan aisladas que cualquier elemento ajeno a ellos puede ser violentado si es visto como una amenaza? Veamos cuáles son las leyes internas por las que se rigen los grupos que maltratan y donde ha prendido el *bullying*.

El grupo y la ley del silencio

Cuando un *bully* controla un grupo, una gran mayoría asume la consigna: «Ver, oír y callar», se trata de una orden irrevocable. Una orden que, de no ser cumplida, incorpora de forma latente la amenaza de que se puede pasar de ser un simple espectador a ser elegido como una víctima. Pero también esta consigna implica otra lectura, y es que para formar parte de un equipo tan duro no hay que comentar con nadie lo que se ve o se oye. El silencio es parte de la peligrosidad del grupo, ya que de este modo se puede permitir cualquier cosa sin ser descubierto.

Carlos tiene dieciséis años y ha entrado en tercer año. Viene de otro colegio por tener dificultades de aprendizaje y porque hay niños que durante años se han metido con él, especialmente en el patio y en el autobús. En varias ocasiones había llegado incluso a hacer el trayecto caminando para no sufrir las bromas de mal gusto de sus compañeros. Lo que más le dolía era que se burlaran de su hermana, con serios problemas de retraso mental, y según él por eso aguantaba. Pero Carlos no se liberó tan fácilmente de sus intimidadores. Los más «peligrosos» venían desde el otro colegio a pegarle.

Estos episodios duraron un par de semanas. Entonces en el colegio nue-

---

15. Konrad Lorenz, *Consideraciones sobre las conductas animal y humana*, Planeta-De Agostini, Barcelona, 1986, p. 194.

vo algo espantoso le sucedió. El más chulo de su clase empezó a meterse con él, llegando a vivir los peores episodios en el patio, donde un grupo de compañeros llegaron a bajarle los pantalones y ponerle chicles en todo el cuerpo. Cuando el padre de Carlos fue a hablar al colegio nadie había visto ni oído nada. Ésta es la ley impuesta por los más duros, los que más mandan, los que no estudian y dan guerra en clase... Carlos deja de ir al colegio sin que sus padres lo sepan, pero tiene un grave accidente y se fractura la rodilla. Durante el tiempo que deja de asistir al colegio su agresor y el grupo que lo secunda eligen otra víctima. Cuando vuelve al colegio con muletas empieza a usarlas como un arma para golpear cuando lo molestan. Es entonces cuando el *bully* lo quiere en su grupo. Carlos cree que su tiempo de dolor ha pasado. Lamentablemente, la única salida que el chico ha descubierto es la de la violencia. Una salida que sólo durará mientras necesite de las muletas para caminar y las use como arma. Ahora él también usa la técnica de «ver, oír y callar».

El grupo y sus creencias unidireccionales y fatalistas

Una de las creencias más arraigadas de los grupos que se mueven entre el dominio y la sumisión a un líder es creer que los permanentes conflictos con la víctima son inevitables. Una suerte de peaje obligatorio que el grupo hace pagar a quien está en el punto de mira pero que no tiene otro fin que probarse a sí mismo. Para decirlo de otro modo: el grupo fabrica sus reglas extremas y unidireccionales para someter a ellas sus actos. No se trata pues sólo de fanatismo. Cuando el *bullying* está instaurado, el grupo suele ser consciente de lo que hace y suele valerse de generalizaciones fatalistas para encontrar excusas frente al maltrato. Un chico de catorce años dijo lo siguiente a un profesor para explicar por qué le había dado patadas en la cabeza y en la espalda a un compañero: «Nosotros no ponemos las reglas. Las reglas las ponéis vosotros. Nosotros solamente las ejecutamos. ¿No decís acaso que mentir es malo? Pues él [la víctima] mintió. Dijo que no tenía el dinero que le debía a Israel y sí lo tenía».

El grupo y sus actos basados en un falso sentido de la justicia

«Cuando iban a terminar las clases —dice Marcelo, que tiene quince años—, me di cuenta de que el grupo iba contra mí. Llevábamos más de cinco años juntos y conocía perfectamente qué papel interpretaba cada uno de los de mi clase: Fernando era el líder; Pablo, el que siempre estaba en contra de todo; yo era el más introvertido; el Chusqui era el gracioso y Ramón el peleador, le decíamos "manos de hierro". Pero a pesar de ello nunca imaginé que irían contra mí. Creyeron que les había delatado cuando el profe de Física me preguntó quién había escrito palabrotas en el coche de la profesora de Plástica. Entonces empezaron a molestarme. Un día, otro, y otro. ¿Cómo iba a decir yo algo si ni siquiera sabía que eso había ocurrido? Hasta que una mañana me esperaron a la salida de casa a las 8.10 de la mañana...» Marcelo lleva dos semanas en cama, y aún le quedan muchas más. Tiene fracturadas tres costillas por los golpes que recibió de quienes creía que eran sus amigos: Pablo y Ramón. Ellos actuaron convencidos de que él los delató.

El grupo y la noción del tiempo

Sumado a la carrera contra el tiempo que viven muchos padres y que lleva a los más jóvenes a reducir la noción del tiempo a un «todo ya», «hoy», «todo es ahora», no hay que olvidar que en los últimos años el nivel de vida ha dado a muchos chicos la posibilidad de usar su propia tarjeta de crédito, posibilitando un estilo educativo que la mayoría de los niños y de los adolescentes asimilan en términos de facilidad, por lo que no se trata sólo de una falta de límites y de autoridad por parte de los padres. Es común ver a niños y adolescentes que, a menudo, reciben respuestas demasiado superficiales reaccionar con violencia cuando no se les da lo que piden. Agravado por el hecho de la dilución de prácticamente toda norma, ha llevado a los padres (y a los niños) a no pensar más que en las propias necesidades, a no pensar en el otro, en lo que «el otro» siente, piensa o imagina, y a una edad en que potencialmente podrían hacerlo.

Esperar no sirve de nada

Consentir el maltrato de un niño o de un adolescente contra otro es permitir que haya más víctimas de los abusos. El abuso no es «normal entre escolares», ni «se trata sólo de bromas». Es importante enseñar a los espectadores pasivos a que cuando vean que un compañero está en esa situación desfavorable se lo digan a su profesor. La violencia, física o moral, y el abuso no se pueden consentir. Tampoco el grupo ni la víctima deben aguantar. Simplemente porque, cuando la ola de violencia se pone en marcha, cada día es peor: ya nadie sabe quién es su amigo y quién no. Por otra parte, si la víctima y el resto de los compañeros que no quieren participar de la violencia aguantan sin decírselo a nadie, pronto el *bully* creerá que puede seguir abusando… No hay que olvidar que probablemente un 25 por ciento de los agresores que se han acostumbrado a intimidar para lograr sus objetivos terminen teniendo problemas con la justicia en la adolescencia, o incluso antes. El espectador, acostumbrado al acoso, creerá que es «normal» que esto suceda, aunque se atente contra valores tan importantes como la solidaridad.

Ana es una joven traductora de veintitrés años que trabaja como *freelance* para una editorial. Padece bulimia desde los trece años, cuando fue objeto de *bullying* por parte de sus compañeras, que la estuvieron molestando durante cuatro años; en la actualidad no tiene ninguna relación con ellas. La mayoría de las víctimas de este tipo de maltrato suelen tener problemas de adaptación en la vida adulta por el trauma sufrido y llegan a padecer depresiones y una cada vez más baja autoestima... Ana tuvo dos intentos de suicidio. Los malos tratos sufridos en su adolescencia por parte de tres de sus compañeras de colegio dejaron en ella secuelas que afectaron su desarrollo emocional, secuelas prácticamente irreversibles porque aunque el maltrato no ha sido crónico, sí lo que ella aprendió de sí misma.

ZONAS CALIENTES

El *bullying* no hay que circunscribirlo sólo a las aulas; también se produce fuera y como una extensión de lo que ya ocurre dentro. Por ejemplo, es común que si el *bully* y la víctima son vecinos, las intimidaciones no sólo se produzcan en el patio, en los pasillos o en los baños, sino también en el barrio, y más aún cuando hay enfrentamiento de bandas.

El patio del colegio o del instituto debería tener monitores cuando los alumnos no están en clase, ya que es el ambiente de juego el que puede impedir que la violencia se perciba con nitidez. En ocasiones el grupo se une en estos espacios al líder negativo para ejercer una violencia impersonal, haciendo pasar como un simple descuido una agresión física, o un mote hiriente y una amenaza como un «intercambio de palabras». Situaciones que suelen reproducirse no sólo en los recreos, sino también en los pasillos y en los cambios entre clases.

¿Qué hace la mayoría de los padres frente al *bullying*?

En general, los padres suelen estar al margen del problema, debido a que —aun en situaciones graves— el grupo mantiene la ley del silencio. No obstante, cuando el problema se hace evidente, se dan cuenta de que carecen de medios concretos para afrontarlo. Los padres de la víctima recurren a métodos poco recomendables, como hablar con el agresor fuera de las instalaciones del colegio, amenazarle, instigar a su hijo/hija para que se defienda brutalmente… En otros casos, también puede suceder que los padres, además de culpabilizar a la víctima o de sobreprotegerla, crean que si la avergüenzan, ésta solucionará su problema. O bien no dan importancia a lo que le ocurre a su hijo y, en lugar de aceptar que por unos días no vaya a la escuela hasta tomar una decisión sobre qué hacer, le obligan a que se someta a su hostigador/a con el argumento de que, cuando éste se canse, dejará de molestarle.

Por esa razón, si su hijo es intimidado por un compañero de clase que vive cerca de su casa, antes de enfrentarse a la familia del agresor (que puede ser el primer paso para provocar un problema de dimensiones inimaginables), intente que las partes implicadas se comprometan para no molestarse, aun si no quieren ser amigos. Esto es tan sólo un primer paso, para no acabar creyendo que mudarse es la única solución. Las dos tareas más importantes serán: en primer lugar, ayudar a su hijo a superar el problema de la violencia en la escuela (en el capítulo 2 encontrará recursos para ayudar a un *bully*; en el capítulo 3 para ayudar a la víctima); en segundo lugar, es importante que los padres traten de estimularle para que haga nuevos amigos, sean o no del barrio. Experiencias llevadas a cabo en distintos países han demostrado que así como para los padres de las víctimas ayudar a los hijos a encontrar atajos es una tarea para la que siempre están predispuestos, los padres del *bully* —y los del resto de los compañeros que no se ven aparentemente afectados— a menudo se convierten en padres verdaderamente difíciles, porque niegan que su hijo tenga un problema, o porque ellos mismos los intimidan, o bien porque los excusan diciendo que tienen problemas. Algunos argumentan pérdidas o separaciones. Pero lo cierto es que ni la muerte de un ser querido ni la separación de los padres son motivos para que la violencia se convierta en acoso. Hay que ayudar a los niños que agreden, y a los padres, para que la experiencia no se repita. Y a las víctimas, para que la experiencia traumática por la que han pasado no les deje heridas que los incapaciten para el presente y el futuro. Porque, nos guste o no, ya no se trata de averiguar sólo qué mundo vamos a dejar a nuestros hijos, sino cómo serán los niños que habitarán el mundo del futuro.

¿Qué hacen los profesores?

En general, la respuesta ante el *bullying* por parte de los profesores suele ser de tres tipos: primera, la del no compromiso por miedo a ser atacado o por pérdida de autoridad; segunda, la de cierta complicidad silenciosa con el agresor creyendo que con ello no se verá implicado en el problema; y tercera, en muy pocos casos, la de un compromiso genuino.

El hecho de que en algunos países nórdicos la violencia entre niños haya alcanzado también a los profesores ha hecho que en otros países, entre ellos el nuestro, los docentes empiecen a expresar su temor. Las faltas a clase o los problemas de disciplina, considerados como conflictos comunes de relación entre profesores y alumnos, han dejado de ser problemas prioritarios, ya que hay muchos docentes a los que les preocupa en mayor medida qué hacer para defenderse. En ciertos casos, cuando la violencia se ha extendido a los profesores y éstos no han sabido resolver con autoridad el problema (a menudo porque en el hogar del niño no se da a los docentes la autoridad que les corresponde), no es raro que tanto niños como adolescentes presenten resistencia y usen el boicot para «reventar» las clases, o actúen violentamente contra los profesores.

Según algunos profesores entrevistados, el desafío a la autoridad es tal vez la forma más suave de violencia; en el peor de los casos, los insultos, dañar pertenencias del profesor como el coche o la maleta, robarle o arrojar objetos con el fin de hacerles daño no ha dejado de ser común en los últimos años..., incluso sin que el objetivo principal de los alumnos violentos sea desestabilizar la clase sino vengarse de aquel al que consideran culpable de su malestar: el profesor.

No obstante, no hay que olvidar que la violencia de un alumno hacia el profesor puede estar originada en las agresiones del profesor hacia el alumno. Algunos profesores se valen de insultos comunes creyendo que con ello no rompen la delicada línea del respeto. De ahí que el no compromiso por miedo a perder la autoridad sea una idea absurda. La historia de Salvador demuestra que se puede ser víctima de la violencia aun sin comprometerse.

Salvador es profesor de Física. Desde hace un tiempo describe el comportamiento de sus alumnos con palabras como «tonto» o «mediocre», incluso se lo dice a ellos. Hace un par de meses lo único que Salvador vio fue a tres niños caminar a su lado en dirección al patio. Al cruzarse con él le saludaron, pero al cabo de unos segundos sintió cómo una mochila llena de libros caía sobre su cabeza produciéndole una contusión importante. Las investigaciones demostraron que el joven agresor, de quince años, era habitualmente humillado por el profesor.

Por último, recordar que «mirar hacia otro lado» tampoco ayuda a detener la violencia. Para Mauro: «Los agresores no eran sólo mis compañeros, algunos profesores se lo tomaban a broma». Con estas palabras describió este joven de catorce años cómo se había convertido en víctima de las bromas pesadas de sus compañeros. «Cuando el profe se reía de mi aspecto físico, con el objetivo de hacer ver que sólo se trataba de una broma, yo sentía que me hería aún más, y mis compañeros pensaban que se trataba de un tío enrollado, como un colega más. Pero no era así. Para mí era un falso cobarde. Porque cuando él no me llamaba por mi nombre y decía "rata, a la pizarra" sus palabras me pesaban como una losa. Y no era sólo a mí; también llamaba por su mote al "orejas de elefante", a otros les daba golpecillos en la cabeza... No había ninguna diferencia entre las amenazas de los más fuertes durante el recreo y lo que en clase nos decía el profesor: era más de lo mismo. Yo creo que por eso varias veces pensé en el suicidio.»

Mitos sobre el *bullying* que los adultos deberían desterrar

El *bullying* afecta a todos los niños, estén del lado de los agresores, de la víctima, o se trate de compañeros no implicados directamente... Por esa razón, y para prevenir y parar la violencia, es necesario que tanto los adultos como los niños y los adolescentes sean conscientes de que:

1. El acoso moral o el maltrato psicológico de un niño a otro u otros, aunque se prolongue en el tiempo, no siempre deja huellas visibles a corto plazo, a diferencia de las agresiones físicas.

2. Para frenar la violencia en los centros escolares es importante diferenciar qué es un conflicto sin importancia entre compañeros y qué es un problema que puede generar una ola de violencia.

3. No todo cuanto ocurre en un grupo es un asunto íntimo y privado entre compañeros. Si hay un desequilibrio de poder, una cuestión de dominio de un niño y un grupo frente a otro, nada se puede arreglar sin la intervención de un adulto.

4. Los adultos son los responsables a la hora de poner medios para que la intimidación entre iguales no se produzca.

5. Padres y profesores deben estar informados de las graves consecuencias de la violencia en las aulas, de cómo pueden y deben actuar, y de las medidas legales que se pueden llevar a cabo, tanto las que dependan de la escuela como las que no, para parar el *bullying*.

6. En cada ciudad es necesario un servicio de ayuda a la infancia que respete el anonimato, para que los padres sepan adónde dirigirse a fin de poder conseguir la ayuda apropiada, y en cada centro educativo debería existir la figura de un consejero confidencial, a fin de que las víctimas tengan apoyo mientras el *bullying* se soluciona.

7. Las burlas, golpes, empujones, son formas de persecución e intimidación si se repiten contra una víctima y con la intención de dañar, cuando dejan de ser un ritual inofensivo para convertirse en un abuso de poder y en un ejercicio desmesurado de control sobre otro.

8. El *bullying* nunca es un hecho aislado. Siempre ha habido otras víctimas que también han temido a las amenazas y a sufrir daño físico, lo cual ha repercutido en la vida privada y en sus relaciones sociales.

9. Las agresiones físicas tienen mayor riesgo pero no son menos dañinas que las agresiones psíquicas, que empujan a la víctima a perder su autoestima y su capacidad para decidir por sí misma.

10. El *bullying* no es una pérdida de control momentánea.

11. Los agresores no responden a un patrón definido: no siempre son más fuertes físicamente, más corpulentos y seguros de sí mismos. Y las víctimas no son siempre de apariencia frágil, delgadas e inseguras. Quedarse con estos estereotipos es no ver lo que realmente puede estar sucediendo.

12. El *bullying* no siempre ocurre entre los individuos que no son amigos.

13. La cooperación de los padres y del grupo para solucionar el problema de la violencia es la única forma en que los alumnos pueden romper el círculo de violencia.

CONSEJOS PARA LOS PADRES

Lo que usted puede hacer no se reduce a enfadarse o sobreproteger, a quejarse a la escuela, a Inspección, o a echar mano del último recurso cambiando a su hijo de colegio. Los padres pueden dar pasos certeros para contribuir a la dirección del comportamiento, a la reparación del daño y a la restauración de las relaciones y del ambiente, y para asegurar un ciclo de mejora permanente. Por otra parte, usted debe buscar como aliados a otros padres o profesores, ya que ningún conflicto se resuelve si los participantes discuten desde posiciones atrincheradas.

Tenga en cuenta que cuando se habla de *bullying* lo que ocurre en la familia del alumno es tan importante como lo que le ocurre en la escuela. Por esa razón, los padres deben permanecer en calma. Ésta es la principal respuesta ante la violencia: la que está en los padres. Usted debe enseñar a su hijo a resolver sus conflictos pacíficamente. La violencia no entra en las aulas en la figura del *bully*. Las semillas de la violencia que explota en las aulas se han sembrado previamente en otro lugar; por ejemplo, el hogar. Probablemente uno de los objetivos sería crear una nueva relación más cercana entre el entorno escolar y las familias. En ocasiones, cuando se trata de niños pequeños, sólo habría que ponerse de acuerdo en los valores que se van a transmitir para que sientan que lo que aprenden les es útil en su vida diaria. Cuando se trata de niños más grandes, incluso de adolescentes, no ser sujetos pasivos en la resolución de conflictos les ayuda a aceptar cada escollo como un nuevo desafío de aprendizaje.

En algunos países, el papel de la Asociación de Padres de Alumnos es relevante a la hora de crear medios tales como un teléfono de información, un equipo de formación de profesores, y material de información (como trípticos al alcance de los alumnos), a fin de que accedan a todo lo relacionado con el *bullying*. Así como la tarea de promover más espacios de expresión y ocupación del tiempo libre, propuestas de actividades extraescolares, privilegiar la mediación escolar para prevenir y resolver conflictos, proponiendo programas de información para la comunidad escolar. En una pequeña ciudad de EE. UU. se pidió a uno de los ancianos ilustres que vigilara la hora de salida de un instituto a fin de prevenir la violencia, y lo cierto es que dio excelentes resultados, como ocurrió en una escuela intermedia de California, donde una mujer anciana provee la seguridad en la escuela en vez de un guardia armado o de algún hombre grande y fuerte, de esos que intimidan a cualquiera. Ella vive en el mismo barrio que los niños, comprende su realidad, su cultura y sus necesidades. Sin la amenaza de la fuerza, ella puede intervenir en los pleitos y reforzar las reglas básicas de la escuela. Otras estrategias presentadas por las diferentes asociaciones de padres consistieron en centrar la atención para hacer frente al problema de la intimidación, distribuyendo folletos explicando qué es la intimidación, con consejos para los padres y artículos, convocando reuniones informativas, invitando a expertos europeos, etc. También organizaron un espectáculo de títeres para los alumnos de primaria, con el objetivo de fomentar la resolución de conflictos mediante la no violencia. Y por supuesto, observando cualquier cambio de comportamiento en los hijos.

En algunos países como Holanda realizan un test que los alumnos responden anónimamente en un ordenador y, de este modo, pueden indicar si son conscientes de la actitud de intimidación entre sus compañeros. Se les pide que indiquen en qué medida ocurre esto, dónde y cuándo. También se les pregunta si el profesor hace algo al respecto. De esta manera es como escuelas e institutos coinciden en que el *bullying* es un fenómeno que aparece con mayor virulencia entre los nueve y catorce años.

CONSEJOS PARA LOS PROFESORES

Estar informado sirve para discernir entre una permanente actitud violenta y el mal humor de un niño. Un niño que «explota» por sentirse presionado no está dañando a nadie, no debe ser considerado un *bully*, siempre que «se detenga» y dé señales de que sabe frenarse ante las fronteras «del otro». Pero estar informado también sirve para tener pautas claras de actuación, explicando cuántos tipos de acoso existen y diferenciando las burlas cotidianas de intimidación, el juego agresivo del acoso a otro niño o niña. Y para mostrarle a los alumnos los beneficios de denunciar sin que se sientan desprotegidos.

Cuando el personal docente está informado sabe que aceptar las excusas de los acosadores implica minimizar aquello que no debe pasar inadvertido. De este modo, el profesor puede ayudar al intimidador para que desarrolle aptitudes sociales para superar la agresión mediante un plan claro. Por ejemplo, movilizando a la mayoría silenciosa, explicando la diferencia entre conflictos constructivos y destructivos, dedicando unas horas semanales a capacitar a los alumnos en la resolución de los problemas interpersonales. Y para detectar qué carencias hay en el grupo que necesita de un *bully* para tener seguridad psicológica, para compensar con su figura limitaciones personales y para seguir temiendo a la propia responsabilidad.

Por otra parte, la característica principal de un niño o de un adolescente que intimida es su gran capacidad autoexculpatoria, su falta de compasión aprendida, lo cual le permite continuar arremetiendo sin que su imagen quede dañada y tener así un mayor público. Este aprendizaje cooperativo, si bien no garantiza un nuevo brote de *bullying,* reduce los factores de riesgo que llevan a niños y adolescentes a emplear la violencia y otras estrategias destructivas.

Estimular la práctica de la negociación, la mediación y el arbitraje como opciones para dirimir diferencias, mediante un proceso de cuatro pasos, permitirá un manejo constructivo del conflicto en las experiencias cotidianas.

Por último, recordar que cuando el equipo docente está bien informado, resulta más fácil ayudar al alumno que está siendo intimidado, tanto desde el punto de vista pedagógico como psicológico, ayudándole a desarrollar habilidades sociales, a fin de que no sienta que tiene menos poder que su acosador. Y, por supuesto, sabiendo cómo informar a los padres para que se comprometan, sea el alumno una víctima, el *bully* o forme parte de la mayoría silenciosa.

La voz de Piggy se apagó al ver el rostro de Ralph.

—Tú estabas fuera del círculo. Nunca llegaste a entrar. ¿Pero no viste lo que nosotros... lo que hicieron?

Había horror en su voz y una especie de frenética excitación. [...] Ralph siguió balanceándose de un lado a otro.

—Fue un accidente —dijo Piggy bruscamente—; eso es lo que fue, un accidente. [...]

—Estoy aterrado. De nosotros. Quiero irme a casa.

El señor de las moscas
WILLIAM GOLDING

Dice el eminente psiquiatra Luis Rojas Marcos en su libro *Las semillas de la violencia*: «¿Qué hay dentro de nosotros que nos mueve a hacer sufrir intencionadamente a nuestros compañeros de vida?».[16] Ésta es la pregunta que el pedagogo de un colegio religioso de Sevilla intentó que respondiera Joel, un alumno de trece años que maltrataba a otro.

—¿Qué sientes? —le preguntó.

—Nada especial.

—¿Nada especial? —insistió el pedagogo.

—¡Bueno, me he divertido! —dijo en un tono de mayor indiferencia. Y, por si esta respuesta no era lo suficientemente convincente, prosiguió—: Pero más para hacer que mis amigos se lo pasen bien.

---

16. Luis Rojas Marcos, *Las semillas de la violencia*, Espasa Calpe, Madrid, 1996.

Obviamente Joel no decía toda la verdad. A él no le importaba si su público se lo pasaba bien. Él sólo deseaba ser protagonista y su público estaba ahí sólo para confirmar la imagen de fortaleza que deseaba dar.

En el brillante documental *Bowling for Columbine,* del genial director Michael Moore[17] (2003) sobre la violencia y las armas en Estados Unidos, se puede observar cómo la necesidad de protagonismo es una de las causas que lleva a los chicos agresivos a cometer actos destructivos. El documental, cuyo argumento gira alrededor de la tragedia del instituto Columbine, donde doce alumnos fueron asesinados a sangre fría por dos de sus compañeros el 20 de abril de 1999 en Littleton (Colorado), cuenta en una de las magistrales secuencias cómo en las zonas aledañas también se elaboraron listas de chicos sospechosos, es decir, que podían ser agresivos. B. J., uno de esos chicos, entrevistado por Moore, reconoce sentirse disgustado por ser el segundo de la lista y no el primero, ya que aspira a ser el número uno en algo.

Evidentemente algo hay en el interior de los niños y los adolescentes que les produce la necesidad de dañar a otros. Lo mismo que los lleva a desear tener poder sobre otro sin sentirse responsable del daño que puedan hacer. Como afirma un vecino del Columbine al que Moore entrevista, «hay algo sobrecogedor en esa clase de actos depredadores». ¿En qué consiste ese «algo»?

La respuesta es evidente. Independientemente de que el *bully* sea un chico o una chica, lo cierto es que ambos harán daño porque les da placer el hecho de ejercer poder. Variarán en el cómo. Si es un chico, tal vez se valga de un tipo de violencia más directa, desde las burlas pesadas y amenazas hasta llegar a la violencia física. Si se trata de chicas, tal vez nunca se llegue a la violencia física y en cambio se manipulen las amistades de la víctima para aislarla, difundan falsos rumores malintencionados para finalmente llevarla a la exclusión total, primero psicológica o moralmente, con el fin de que se sienta confundida y sola, a fin de tener más poder sobre ella. Luego, tal

---

17. Personalmente creo que es un documental que deberían ver todos los profesores y debatir sobre ello.

vez lleven a cabo la violencia física... Porque la clave del *bullying* no está en ejercer la violencia por la violencia misma, sino en mantener con la víctima una desigualdad de poder.

¿Qué logra interiormente un *bully* con ello? Sin duda mostrar una fuerza que funciona como un mecanismo compensatorio. Es decir, que usa la violencia y la agresión para evitar enfrentar sus propios problemas. La agresión y la violencia, en este caso, le servirían para ser visto y, por consiguiente, aceptado, al menos para unos pocos.

Es probable que también use esa imagen de fortaleza porque se trata de jóvenes malcriados a los que no se les ha enseñado que no deben lastimar a los demás, o bien porque les falta contención, o porque consumen mucha violencia en la televisión y en los videojuegos que luego imitan. Aunque antes de intervenir siempre es recomendable detectar las claves de la personalidad de aquel que se comporta de un modo violento y estudiar cuáles son sus mecanismos, porque —nos guste o no— los registros afectivos y emocionales de un *bully* suelen ser complejos y no siempre los profesores tienen el apoyo y los medios necesarios como para actuar como un muro de contención.

Cada *bully* tiene un mapa emocional propio, que usa como una ruta por donde encuentra incluso a veces las motivaciones perfectas para dar rienda suelta a lo que hay en su interior. Un mapa en el que están dibujadas todas las huellas de sus experiencias: desde cómo ha sido tratado desde los primeros momentos de vida, hasta las distintas fórmulas de acercamiento a los demás que pudo haber experimentado a lo largo de su vida. Y, por supuesto, también todas aquellas situaciones de «incompetencia del mundo adulto [...] incapaz de garantizar un mundo justo y protector», tal como observa magistralmente el psiquiatra Barudy. En ese mapa doloroso también están inscritas todas las situaciones de desprotección, injusticia y abandono de las que el «ahora *bully*» pudo *haber sido* o *es* víctima. Además de todos aquellos episodios en los que él tampoco ha sido respetado y desde donde ha aprendido a relacionarse con sus iguales mediante el abuso. De ahí que sea imprescindible el trabajo en «red» y que, antes de actuar, un equipo de profesionales evalúe el grado de riesgo. Porque si bien las creencias de un *bully* pueden ser las mismas que las del resto de los chavales que creen que la violencia les sirve para impedir ser dañados, que el maltrato sólo hay que denuciarlo cuando es físico y que debe ser usado cuando ya se han expuesto todos los razonamientos, esos chicos que no toman partido cuando alguno de ellos está dañando a otro, la diferencia está en el mapa interior. Porque el *bully* también tiene estas creencias, pero él, ante un problema con un compañero de clase, sale sin ser visto a primera hora de la mañana con un bate de béisbol, unos guantes metálicos escondidos en la mochila y, después de pintarse alguna sigla en su camiseta, a hurtadillas y sin decir nada, o con un arma...

Marcos vive en una barriada de Barcelona y tiene once años. Al poco tiempo de empezar las clases se convirtió en el hazmerreír de Carlos, un chico de su misma edad, un amigo de la infancia con el que comparte actividades extraescolares y con el que a veces hasta hace los deberes. Últimamente Carlos tiene por costumbre reírse de él cuando ambos están entre amigos. Lo sorprendente para Marcos es que en privado se muestra amigable y cooperativo. En esta última semana Marcos ha dejado de acudir al colegio. No puede dormir por las noches o se despierta sobresaltado, también está teniendo problemas con el resto de los compañeros que lo rechazan, y se siente sin ganas de estudiar debido a sus «bromas pesadas». Marcos perdona a Carlos porque lo considera su amigo, pero los padres de la víctima saben que su hijo está siendo intimidado y deciden tomar medidas. En primer lugar piden una reunión en la escuela con los padres del agresor. No están dispuestos a seguir soportando que su hijo sea como un saco de arena al que lastimar y humillar. Obviamente, los padres del agresor no consideran que las bromas de su hijo tengan mayor importancia, por lo que no creen que deban hablar con él. Al ser consultada la maestra, ésta asegura lo mismo que los padres. Increíble pero real.

Las coartadas del *bully*

Una de las características más importantes de los *bullies* es que existe una gran discrepancia entre la imagen que exhiben como propia y las tendencias y necesidades que hay bajo ella. Esta especie de simulación permanente, de representación constante de sí mismo, sólo le sirve como defensa ante el dolor. Su rabia, su deseo de venganza, su envidia o su impulso de humillar permanecen ocultos tras un permanente «lavado de imagen» que realiza con gran maestría.

Por ejemplo, si un *bully* es descubierto cuando está intimidando a otro de su edad en los vestuarios de un colegio, una costumbre que viene repitiéndose, por ejemplo, cada lunes al acabar la clase de gimnasia, en ningún momento dirá «fui yo, lo asumo», o bien «lo reconozco, he hecho algo indebido». Sus reacciones, previsibles, tenderán a mantener su fachada de permanente energía y a borrar cualquier indicio de culpabilidad.

Hay que tener en cuenta que si su seguridad se centra en el dominio sobre el prójimo, más necesita salvaguardar su capacidad de poderío.

En efecto, para un *bully* la debilidad es un riesgo que no estará dispuesto a asumir y, entre los mecanismos que llevará a cabo para ocultarla, están las siguientes actitudes: minimizará los actos violentos, culpará a la víctima, presentará razonamientos autoesculpatorios, apelará a sus derechos, cambiará de lugar, pasando de maltratador a víctima, tenderá a reaccionar con más violencia, intentará impresionar... En suma, buscará coartadas para no tener que enfrentarse a su dolor.

Minimizará los actos violentos. Dirá, por ejemplo, que se trataba tan sólo de «una broma» o de un juego... En ningún momento mostrará los hechos tal como sucedieron. No dirá que era él quien estaba haciendo daño, golpeando o humillando. Intentará quitarle importancia. Buscará manipular al adulto que lo observa y al grupo al cual controla insistiendo en que no era un hecho tan importante. No hay que olvidar que la mayoría de los *bullies* tienen una gran habilidad natural para captar señales no verbales del interlocutor y cambiar rápidamente los argumentos de su discurso, así que si no le funciona esta táctica no dudará, por ejemplo, en buscar otras formas de impresionar.

Mostrará una gran falta de responsabilidad. Para el *bully* los culpables siempre son los demás: por ejemplo, las normas de la escuela o instituto, que permanentemente pondrá en tela de juicio. Si se trata de la víctima, él tuvo que actuar porque ella «se lo ha buscado», e intentará descalificarla (dirá que es un «imbécil» o un «chivato»), convirtiéndola así en merecedora de la agresión. Una agresión que probablemente irá manifestando a medida que se vea más presionado.

Presentará razonamientos autoesculpatorios. Lo común es que tienda a negar la evidencia con excusas («yo sólo pasaba por allí»), justificaciones («me limité a defender a mi amigo») o, sencillamente, mentiras («yo no quería hacerle daño pero él me obligó»), a fin de convencer y convencerse de que no ha hecho nada por lo que deba ser reprendido. El último expediente defensivo al que no dudará en echar mano si las primeras excusas no le funcionan será mostrarse como una víctima, para evitar las acusaciones, al tiempo que siempre puede culpar a los demás.

Apelará a sus derechos. Cualquier argumento es válido para el *bully* si lo que pretende es salvar su imagen. Incluso se convencerá de sus propios argumentos sobre su «derecho a decir lo que piensa», «derecho a defenderse», etc. Es decir, se valdrá de un entramado de medias verdades con el objetivo de confundir y de que nadie pueda descubrir quién protagonizó la agresión y decidir, por tanto, sobre quién debería recaer el peso de la responsabilidad.

Cambiará de lugar, pasando de maltratador a víctima. Es común oír de boca de un *bully* que él no maltrata a nadie sino que sólo se defiende, demostrando de este modo que es él el amenazado. Es decir, justifica su maltrato como respuesta a una ficticia agresión previa por parte de la víctima. Y tal vez se queje ante otros adultos porque nadie le comprende, reprochando la conducta de quienes en apariencia le dan la razón a la víctima.

Probablemente reaccione con una carga excesivamente agresiva. Otra de las posibilidades es que, al ser reprendido, reaccione de un modo descontrolado. Para el psiquiatra Jorge Barudy y la psicóloga Marjorie Dartagnan, algunos *bullies* pudieron haber comprendido durante los primeros meses de vida que agredir es el único modo de socializarse. Haber tenido un *apego inseguro* los lleva permanentemente a interactuar de un modo ansioso o ambivalente, o bien de un modo huidizo o de rechazo. En el primer caso, el que nos interesa, la respuesta es de cólera, algo frecuente en niños maltratados físicamente. Pero hay más, la respuesta agresiva de estos niños y adolescentes suele ser más pronunciada cuando pierden el control de una situación,[18] lo que les hará repetir el viejo modelo de dependencia y desconfianza. Sí, y eso por más que el *bully* tenga apariencia de autosuficiente.

En algún momento mostrará su fuerte necesidad de impresionar. El bully hace cualquier cosa por un poco de popularidad, simplemente porque no es un líder natural, no es el chico al que todos escuchan porque cae bien, no es el más querido... Tampoco es el niño inhibido que nunca es escuchado y del que se evita su compañía; no es el pesado, ni el gracioso de la clase... El *bully* es el que al principio se confunde con la mayoría, pero a diferencia de otros él desea protagonismo y lo hace impresionando.

Es importante que los padres expliquen a sus hijos que éste es uno de los motivos de los *bullies,* que desean aparecer como alguien asombroso o popular. Algunos niños y adolescentes recurren a la violencia como un mecanismo para sentirse superiores, creyendo que de este modo son más aceptados si se muestran más fuertes o muestran su poder a los demás. Por ejemplo, si se muestran duros, indiferentes, si pasan de sus compañeros, si los desprecian, si les buscan defectos, estropean sus cosas, se burlan o les aíslan... En suma, si «no son como ellos».

El imperio de la desesperación

¿Y qué hay detrás de la fachada exterior del *bully*? Es decir, ¿qué necesidades internas busca satisfacer al dañar a un igual? ¿Se trata sólo de impresionar a los demás o es que hay un componente de destructividad que, como afirma Erich Fromm,[19] sólo tiene por objetivo la destrucción del otro para que algo sea diferente? En su agenda interna, cada una de sus necesidades le da la posibilidad de organizar los

---

18. Barudy, op. cit., p. 54 y ss., p. 61 y ss.
19. Erich Fromm, *El miedo a la libertad,* Planeta-De Agostini, Barcelona, 1985.

estímulos externos y adecuarlos a sus impulsos internos. Cuando el *bully* pone en marcha una de estas necesidades hay que tener en cuenta que de este modo logra disminuir la tensión emocional a la que aquélla se ha asociado. Por ejemplo, ante la incapacidad para resistir su sensación de impotencia —una impotencia que le provoca el descontrol interno y que, debido a la falta de rituales, de aprendizajes que le servirían para frenar la agresividad, le hace vivir en una permanente lucha entre su mundo interno y el exterior—, puede buscar una mayor necesidad de protagonismo. Esto es lo que le ocurre a Ralph, uno de los protagonistas de *El señor de las moscas* que por un lado quiere ser el líder y maltrata a Piggy, pero por otro le confiesa: «Estoy aterrado. De nosotros». Y lo dice en la secuencia en que unos niños, interpretando con demasiada realidad su papel de cazadores, matan a uno de sus compañeros, lo que delata una gran impotencia, pero, a los pocos minutos, busca otra vez calmar la tensión convirtiéndose en un joven que se hace ver por su agresividad, que se burla, humilla e intimida a los demás.

Veamos qué necesidades pueden estar inscritas en la agenda interna de los *bullies*...

Necesidad de protagonismo

Independientemente de que su autoestima sea alta o baja y del hecho de que siempre «demostrará» tener un autoconcepto[20] elevado, un

---

20. El autoconcepto es un factor importante de la autoestima. Está conformado por cada uno de los juicios que hacemos sobre nosotros. Designa lo que uno cree que es y las habilidades y capacidades que posee, mientras que la autoestima apelaría a la valoración que hace de dichas capacidades y habilidades. Se trata, pues, del modo en que nos vemos y nos evaluamos. Es la respuesta a la pregunta «¿Cómo se ve a sí mismo?»: está refiriéndose al autoconcepto, mientras que la autoestima no sólo incluye lo que uno es, sino el modo en que ha comprendido las vivencias pasadas y presentes, lo que desea ser y cómo. El autoconcepto es un marco de referencia desde el que interpretar la realidad externa y las propias experiencias, influye en el rendimiento, condiciona las expectativas y la motivación.

bully suele tener una gran necesidad de protagonismo, de ser visto y aceptado. Burlarse, molestar a otros, acosarlos, es una manera efectiva de que le presten atención. Una forma negativa y desafortunada, pero que para él es mejor que nada. A veces, la necesidad de ser aceptado por sus compañeros hace que algunos se comporten burlonamente y acosen a los otros, percibiendo este comportamiento como «estar de moda», porque, aunque no lo parezca, para ellos la necesidad de pertenencia puede ser tan fuerte como su necesidad de popularidad.

Necesidad de sentir superioridad y poder

Ser fuerte, poderoso, es un deseo que caracteriza a la mayoría de los *bullies,* que, al no crecer entre personalidades sólidas, admiran y se identifican —cuando son adolescentes— con aquello con lo que pueden destacar en nuestra sociedad, un camuflaje con el que enfrentarse a un mundo que les desorienta cuando se sienten débiles. Por ejemplo, los burlones se sienten superiores mientras lo hacen, se sienten poderosos cuando la burla enfurece a otros y la respuesta del otro la usan como un modo de esconder sus propias heridas. Todo ello tendrá tal vez apariencia de «novatada», por las risas, pero el grupo ríe porque ante el poder circense que despliega el *bully* no tiene elección.

Necesidad de ser diferente

Los *bullies* creen que al crearse un nombre, una reputación, se rodearán de un halo que les permitirá funcionar cómodamente en un grupo cerrado. Esta identidad, con la que aparentan ser diferentes, les lleva a menudo a rechazar todo lo que no sea igual o similar a la imagen que se han creado. Es como si dijeran: «Yo soy lo que me he creado y sólo acepto lo que se parece a mí». Si una mujer entra en un grupo de hombres, o un hombre en un grupo de mujeres, hará bromas groseras, gestos obscenos, para que el ambiente sea tal como él lo desea. Si bien es verdad que muchos niños y adolescentes son crueles y reaccionan ante lo que es diferente, una gran mayoría acepta la diversidad, porque esta aceptación ante las diferencias de raza, idioma, aspecto, nacionalidad, etc., está más relacionada con la educación. No para la mayoría de los *bullies,* que no entienden las diferencias y las usan para intimidar. En algunos casos, los niños con un problema físico o de aprendizaje son más frecuentemente objeto de las burlas debido a que aparentan una menor capacidad para reaccionar.

Necesidad de llenar el vacío emocional

Para el psiquiatra Rojas Marcos, el vacío emocional causa repugnancia y hastío. Este tedio les hace incapaces de reaccionar con afecto, «de emocionarse o entusiasmarse con ningún tipo normal de estímulos».[21] Son los que persiguen sin descanso vivencias diferentes, sensaciones, que necesitan crear su propio espectáculo. Son los que encuentran en macabros juegos de rol las experiencias más excitantes, los que maltratan, lastiman, hieren o matan argumentando que «yo sólo quería ver qué pasaba»...

El *bully* y el control de la agresividad

Samuel tiene nueve años y está teniendo problemas en la escuela. Está en primer grado y ya tiene fama de «niño malo» porque molesta todo el tiempo a sus compañeros, les acosa arañándoles, les pega... Pasa la mayor parte del día sentado en una esquina del aula sin participar de las actividades del grupo. Para él no es agradable estar señalado como «el malo» cada día que va a la escuela. La maestra considera que ya no vale la pena enseñarle a Samuel cómo comportarse. Y Samuel cada día se comporta peor

---

21. Luis Rojas Marcos, *Las semillas de la violencia*, Espasa Calpe, Madrid, 1996, p. 118 y ss.

y tiene menos amigos, porque no está aprendiendo otra opción para controlar su agresividad. Incluso, en torno a él se están creando una gran cantidad de mitos que facilitan el juego de «echarle la culpa» en lugar de tratar de ayudarle. Se le está «descalificando» y, dado que no se le demuestra comprensión, atención y no se le proporcionan a los padres servicios apropiados, él sigue reforzando su conducta de «niño malo».

Para el doctor Barudy y la psicóloga Marjorie Dartagnan, la agresividad es una fuerza emocional necesaria para la vida, pero que permanentemente debe equilibrarse. La familia es la que enseña este equilibrio. Cuando el padre o la madre maltratan (el doctor da el ejemplo del gato que sin ningún reparo se come al ratón) se parecen al devorador del ejemplo, con la diferencia de que los hijos son parte del cuerpo familiar. Los padres que no ritualizan la agresividad, que no evitan el desbordamiento, no encuentran modos de controlarla y no se lo enseñan a sus hijos. Los niños deben saber apaciguarse para encontrar el equilibrio. Algunos de dichos rituales pueden ser dejar el asunto conflictivo para más tarde hasta que los ánimos se apacigüen e intentar resolverlo después; evitar culpabilizar gratuitamente; controlar las amenazas… Es decir, dar pautas para salir del círculo de violencia en el que de un modo u otro se le está diciendo al hijo «te demostraré lo que te puedo hacer si sigues comportándote de ese modo».

¿Cómo maltrata un *bully*?

No todos los *bullies* tienen el mismo estilo: algunos usan la fuerza física y molestan hasta llegar al acoso mediante golpes, patadas o empujones; otros, en cambio, no lo hacen tan abiertamente, son más reservados y manipuladores y tratan de ejercer control mediante la persuasión y la mentira. Obviamente el *bully* utiliza estas estrategias cuando sólo es visto y observado por sus secuaces, entre quienes no se atreven a decir «basta». El *bully* sabe que sus seguidores van a soportar su impertinencia. Incluso los profesores a los que logren boicotear en sus clases o descolocar en algún sentido serán considerados por él personas débiles a las que domina si logra desestabilizarlos. A menudo, la regla oculta del *bully* es: «Si yo logro que los límites entre tú y yo sean borrosos y ambiguos, entonces tendré el terreno abonado para ejercitar mi poder».

Un *bully* borrará los límites entre el yo y el tú...

... mediante la violencia verbal

Las formas comunes de violencia oral son poner motes, burlarse, ridiculizar, insultar, amenazar mediante otras personas, por teléfono, mediante e-mails, gritar, degradar, humillar... Sin duda, la violencia oral es la forma más rápida con la que el agresor pone a prueba su capacidad para desestabilizar a la víctima y tener control sobre ella. Un modo de «desarmar» a la víctima para que acabe creyendo que no tiene voluntad propia. En algunos casos, el *bully* se vale de la violencia verbal mientras lleva a cabo la violencia social, difundiendo mentiras y rumores.

... valiéndose de la violencia emocional

Es cuando el *bully* manipula a la víctima emocionalmente, por ejemplo, haciéndose pasar por su amigo, chantajeándola, usando el victimismo, jugando maquiavélicamente con sus debilidades, diciéndole que si no hace lo que desea contará algo que ella le pudo haber confiado secretamente. Es decir, logrando que la víctima esté todo el tiempo pendiente emocionalmente de su agresor o agresora. En general, la violencia emocional se da más entre las chicas que entre los varones, pero no los excluye. ¿El objetivo? Confundir a la víctima para que haga lo que ellas exijan sin oponerse, como si se tratara de una marioneta. En muchos casos se usa este tipo de violencia para ordenar a la víctima que haga los deberes de su acosador, o para exigirle regalos o extorsionarle por dinero, o para obligarla a que se reconozca culpable en el momento en que él o ella lo necesiten.

... usando la violencia física

Las formas violentas de contacto físico más comunes son los codazos, los golpes, dar una paliza, pinchar, clavar, pellizcar, dar puntapiés, escupir o empujar. También se incluye como violencia física rodear a la víctima, encerrarla en un aula, en el gimnasio, esperarla fuera de la escuela para pegarle, correr detrás de ella para darle caza, maltratarle para quitarle sus posesiones...

... llevando a cabo la violencia social

Un *bully* hace efectiva la violencia social para lograr el aislamiento, rechazo y/o marginación de la víctima. También incluye la violencia racial y religiosa. Se trata generalmente de una persecución y acoso mediante comentarios, abuso verbal, insultos, actitudes crueles, amenazas, agresión, ignorar totalmente a la víctima, seguirla después de la escuela, ir a su casa, tratarla como una esclava, etc. En este apartado también se incluye la violencia sexista, que, a diferencia de la violencia sexual, tiene que ver más con la discriminación y se realiza siempre en función de una jerarquía preestablecida: por ejemplo, se rechaza a las chicas a la hora de participar en juegos o actividades masculinas. A menudo el acoso empieza robando, escondiendo o estropeando las cosas de la víctima para después obligarla a hacer algo que, generalmente, atenta contra sus principios.

... llevando a cabo también la violencia sexual

El acoso sexual entre compañeros es una de las tantas formas de violencia invisible en las escuelas, pero son muy pocos los datos que hay en España. Lo cual no implica que este tipo de violencia deba minimizarse con frases como «eso sólo ocurre en los institutos y en la universidad», o bien: «No son episodios en los que sea vea mala intención, sólo se trata de juegos». Entendemos por violencia sexual todo trato que implique tocamientos en el cuerpo de las chicas o de los chicos sin su consentimiento, gestos obscenos, demandas de favores sexuales, exceder el grado de relación con un compañero o compañera si ésta no quiere, usar un tono, intencionalidad y mensajes sexuales dando a entender que la otra persona ha actuado con intención de seducirle sin que esto sea cierto, falta de respeto al cuerpo del otro. Se trata, pues, de una conducta que implica un abuso de poder con el fin de obtener placer sexual.

BULLYING POR INTERNET O POR EL MÓVIL

A Facundo, durante cuatro años, su «mejor amigo del cole» logró aislarlo de sus compañeros tan sólo esparciendo falsos rumores por Internet y dejando mensajes en los móviles. Aún no sabe la razón por la que lo ha hecho, pero supone que sólo se trata de una venganza por una discusión en la que se vio que el amigo en cuestión había robado dinero de las vacaciones de fin de curso.

Tal como se ha explicado, las semillas de la violencia germinan fuera de las aulas y explotan en ellas. Del mismo modo, cuando el *bullying* está instaurado, sus tentáculos atraviesan las paredes de las aulas. La telefonía móvil e Internet pueden convertirse en escondrijos perfectos para que los acosadores propaguen su maldad. Desde un ordenador, incluso del mismo colegio, es posible enviar mensajes manteniendo por un tiempo el anonimato. Se puede enviar un mensaje con un nombre falso la cantidad de veces que se desee. Cierto es que el estilo del mensaje y los posibles errores ortográficos o gramaticales podrían delatar al delincuente. En ocasiones, cuando este tipo de mensajes se hace público y se habla con profesores o con tutores y los padres, quien lo ha hecho incide en su acoso y sigue amenazando. Pero a la larga casi siempre se descubre, lo que no impide que la víctima deje de tener miedo, ya que el lenguaje que se usa mediante estas vías es mucho más fuerte y suele referirse a acciones que, si se llevaran a cabo, costarían la vida.

El acoso por medio de los mensajes a teléfonos móviles es una de las modas de última generación y da tanta libertad para el maltrato como en el caso anterior. El anonimato se mantiene porque en ningún caso se muestra el número.

El *bully* como modelo de violencia para el grupo

Hay líderes que pueden unir al grupo porque funcionan como un modelo, independientemente de que use estrategias negativas. Los seguidores de este tipo de líder no están a su lado para desarrollar la empatía personal, la cooperación o la comprensión; al contrario, están ahí para aprender de él. Es interesante destacar en este sentido que el *bully* actúa como un nexo de cohesión importante cuando el grupo aprende de él las claves para enfrentar (aunque sea mediante la violencia) la rivalidad, la insolidaridad y el odio.

Su capacidad de cohesión dependerá de la fuerza con la que sea capaz de mantener unidos a individuos diferentes, y esta fuerza es el carisma. A veces se trata de expresiones de poderío, de orgullo (si se convierte en líder de un grupo de prestigio), seguridad (en grupos de mucha cohesión afectiva). Pero es probable que, más allá de estos efectos, el móvil fundamental sea su habilidad para enfrentar los miedos individuales de sus seguidores. En efecto, cuando un *bully* permite a sus seguidores de un modo u otro escapar de la ansiedad y de la soledad, se produce un proceso fuerte de identificación con el *bully*. Su capacidad para reunir a un grupo en torno a sí mismo dependerá obviamente de su pericia, pero en cualquier caso estas habilidades estarán dirigidas a que sus seguidores perciban que él satisface sus expectativas, que les da la posibilidad de obtener sus metas (por ejemplo, por cómo distribuye los roles): pero simplemente lo habrá logrado porque ninguno tiene un comportamiento autónomo.

Todo lo que el grupo hace está basado en reglas que el *bully* ha creado; por tanto, lo que él haga nunca le pondrá en la situación de perder amigos. No hay que olvidar que el *bully* se comporta como un pequeño representante del padre mítico —de la horda primitiva— capaz de proteger a los demás de la angustia ante la muerte y de la fantasía de disgregación del grupo. Él es el más fuerte y por eso dirige los movimientos y las respuestas del grupo, incluso cuando de lo que se trata es de agredir a otro niño. Porque llega un momento en que no le importa si necesita usar la fuerza, el soborno o el chantaje para convocar a los más débiles. Mientras el grupo se convierte paulatinamente en una nueva entidad, identificándose tanto entre iguales como con el líder, el *bully* se afianza, se asienta, planifica su próxima función...

Los escenarios preferidos por el *bully*

Roberto tiene catorce años y vive en un lugar de la provincia de Córdoba. Durante los recreos había optado por quedarse dentro del aula por temor a Ramón, su acosador, o se iba a la biblioteca. Intentaba estar con más gente. Esto era lo que le había aconsejado el director. Roberto tenía miedo, pero no había confiado en sus padres. Tenía miedo de que su padre lo humillara, de que le dijera «maricón» o «no sirves para nada». No hacía mucho que Ramón y tres de sus acosadores le habían quitado y destruido parte del material escolar, durante el trayecto de autobús. Pero lo más grave ocurrió antes del verano: le interceptaron en uno de los pasillos, le empujaron hasta el baño y allí le quitaron la ropa y le encerraron desnudo, sin poder salir, tan sólo para robarle unos pocos euros. Cuando fue encontrado horas después por un alumno de otro curso, Roberto no dijo nada, no delató a nadie. Esa misma noche tuvo que ser ingresado en un hospital por un *shock* emocional severo. Roberto no ha vuelto al colegio, tiene pánico de salir de su casa y está en tratamiento psicológico.

Sin duda, un *bully* —hasta el de apariencia más desafiante— siempre actuará donde no haya supervisión. Unas veces puede acosar en los pasillos, otras en el patio, en los vestíbulos, en la cafetería, en el autobús, antes de entrar al centro, a la salida... La mayoría de las veces el *bully* cambiará de lugar para borrar pistas, aunque jamás actuará sin su público... Sus retorcidas representaciones, ya ensayadas en la escuela primaria, dependerán del grado de secretismo con que se vea favorecido.

En el aula es probable que haga bromas pesadas, burlas, pero siempre guardará cierto reparo en cometer otro tipo de actos más violentos. Pero nadie debe fiarse, porque todo dependerá de su estado de excitación.

Mitos sobre los *bullies* que habría que desterrar

Aunque parezca sorprendente, está comprobado que hay factores que aumentan el riesgo de que el *bully* despliegue su violencia. La experiencia de mediadores australianos y noruegos ha demostrado que existe una interacción compleja entre el aumento en el riesgo de comportamientos violentos en niños y adolescentes y ciertas creencias colectivas. Algunas de esas creencias erróneas son:

Si un grupo está unido, el *bully* no sale a escena

En todo grupo hay conflictos, la diferencia está en cómo sus integrantes manejan la escalada de violencia, y ello no depende de la cohesión de grupo sino de las habilidades para encontrar soluciones o de que el conflicto no se transforme en un problema. Por lo tanto, un acosador en un grupo demasiado compacto puede ser más difícil de detectar y hasta de marginar, llegado el caso, por los propios compañeros.

Todos los grupos tendrán iguales conflictos si sus integrantes tienen las mismas edades

Esta creencia peca de una generalización extrema. Si bien todos los conflictos se componen regularmente de cuatro fases —formación, tormenta, normalización y acuerdos—, cada grupo tiene su propia identidad y necesidades diferentes. Por ejemplo, dos grupos de niños de once años no tienen por qué tener las mimas necesidades. Por otra parte, no todos los grupos están preparados para resolver sus propios conflictos. Es probable que para algunos la ley de «lo resolvemos entre nosotros» sea práctica y beneficiosa, pero en otros puede destruir la natural cooperación. De hecho, creer que hay un patrón establecido para resolver los problemas de un grupo que está viviendo una situación de *bullying* generalmente no frena la violencia del acosador, que necesita un trato particular. Obviamente, en pequeños grupos los conflictos pueden ser resueltos con mayor rapidez, y por eso en casos de violencia se suele trabajar con grupos pequeños para favorecer la comunicación.

Los conflictos mal resueltos
no desencadenan situaciones de *bullying*

Al contrario, la mayoría de los maestros y profesores no están preparados para darle al conflicto un lugar prioritario cuando el grupo está tenso antes de continuar con lo académico. Algunos creen que las dificultades caerán por su propio peso. Así que dejan que éstos sean resueltos por el grupo o por un líder fuerte, si cabe. Esta postura puede ser válida si el líder fuerte es positivo, pero como se ha explicado, si el líder es negativo puede arrastrar al grupo a un conflicto de difícil solución, porque habrá más tensión y el conflicto seguirá sin resolverse. En suma: los conflictos mal resueltos son ideales para que el maltratador se crezca.

No ocurre nada si quedan impunes los conflictos
producidos por el comportamiento antisocial de un líder

Ante un episodio de comportamiento antisocial, incluso sin llegar al vandalismo o a la agresión, si el líder y el grupo no se hacen cargo ni reconocen el impacto negativo de sus actos, la conducta volverá a repetirse con total probabilidad, o puede transformarse en un tipo de conducta basada en la intimidación, que ellos acaban viendo como habitual y sobre la cual el líder negativo ya ha hecho sus propias racionalizaciones (para justificar sus extorsiones, robos y malos tratos físicos o psíquicos). En varios países —Estados Unidos, Francia y Alemania— los programas anti-*bullying* dan por esta razón mucha importancia al modo en que se resuelven los conflictos: por ejemplo, ideando un plan de trabajo social para que los *bullies* cambien su conducta antisocial y ayuden en la comunidad. La ex directora Elisabet Figueroa da un ejemplo de intervención que ella misma llevó a cabo en una pequeña ciudad turística en Argentina:[22]

A uno de los grupos de tercer grado —niños de ocho años— que destacaba por su excelente rendimiento, se incorporó un niño proveniente de otra ciudad, con un historial de violencia familiar grave e importantes problemas de aprendizaje: apenas sabía leer y escribir. Se hallaba tan extraño en su grupo que constantemente molestaba y se burlaba de uno de sus compañeros, no terminaba ninguna tarea, no podía estar sentado... y, cuando lograba quedarse tranquilo, si alguien le hablaba era capaz de pegarle sin mirar dónde.

Durante ese año varias escuelas de la zona habíamos decidido formar parte del proyecto de que los niños fueran «orientadores turísticos» y para ello se realizarían once paseos educativos. ¿Qué haría con Martín, el niño nuevo? Ya en el recorrido del barrio y la visita a los comercios de la zona se había portado terriblemente mal. Con el equipo de psicopedagogas de la escuela pensamos que la mejor estrategia de intervención sería hablar claramente con el niño. Tendría una única oportunidad: iría al primer paseo, pero si no se portaba correctamente sería apartado del proyecto. Me reuní con la madre, que era policía, y con los profesionales del gabinete psicopedagógico, y les expliqué la estrategia. La madre estuvo de acuerdo y firmó un acta de compromiso.

Salimos: el primer viaje constaba de una visita al acuarium y luego a tomar chocolate con churros a una casona típica. Al llegar al acuarium,

22. Entrevista personal con la autora.

Martín le pegó una patada a la base de un anuncio de gaseosa realizado en plástico de cuatro metros de alto, de esas inflables, con tanta fuerza que la sacó y salió despedida por el aire. Mientras, los empleados del acuarium corrían detrás sin dar crédito a lo que veían. En la churrería y cuando ya pensaba que con lo de la lata había sido suficiente... veo a Martín sujetando del cuello a quien a menudo era su víctima, al cual tenía apoyado en la baranda que daba a la planta baja (como en las cuerdas del cuadrilátero). ¿Conclusión? No salió más. Se quedaba en cualquier otro curso. Los demás niños no sabían por qué no iba, el pacto había sido secreto. Simplemente no podía ir. Yo no le reté, ni nadie dramatizó. Simplemente seguimos adelante con el acuerdo. A pesar de las predicciones de la mayoría, Martín comenzó a portarse mejor. No fue un cambio rotundo, pero empezó a hacer amigos, aunque el haber cumplido firmemente el acuerdo que no era una «amenaza» había logrado un cambio en él, y fue mejorando día a día, en pequeñas cosas, y terminó muy bien el año. Hasta le invitaron a un cumpleaños.

No son importantes los conflictos producidos por desacuerdo entre profesorado y alumnado

En la mayoría de los casos los conflictos entre los alumnos y el profesorado conllevan consecuencias graves debido a dos razones: a que generalmente son promovidos por un líder negativo, que no necesariamente es un *bully;* y a que lo que no se habla siempre tiende a exagerarse.

Por eso la figura de un mediador suele ser fundamental. Porque si existen problemas de disciplina esto se debe a que el profesor ha perdido autoridad. La intervención de un tercero puede ayudar a reforzar la jerarquía y a aplicar un sistema de trabajo integrado con otros profesores de otras asignaturas. No en vano, para que un conflicto se convierta en un problema sólo hay que llevar adelante un castigo desprovisto de autoridad y provocar un clima de tensión en el aula que el profesorado no sepa resolver, quedando el conflicto en una cuestión sumergida en el círculo oculto de las relaciones interpersonales, donde el clima emocional es caótico.

Víctimas que se volvieron violentas

Son muchas las historias de niños *inhibidos* que se convirtieron en *bullies*. En abril de 1997, en Canadá, un niño de nueve años (cuarto grado) apuntó a otro estudiante con un cuchillo. Fue su madre la que contó ante las autoridades que su hijo llevaba más de un año siendo atormentado por su víctima. En noviembre de 2000, en Canadá, Marie —de catorce años— se colgó con la correa de su perro en el dormitorio. Dejó una nota acusando a tres chicas del colegio que poco a poco «la estaban matando». En noviembre de 2001, en Tokio, un alumno de primaria clavó un puñal a su acosador en un intento de acabar con meses y meses de abuso verbal y físico. Marzo de 2001, Pennsylvania: un joven de catorce años lleva el arma de su padre a la escuela y hiere de un disparo a un compañero que a menudo le llamaba «idiota, estúpido, gordo y feo». En marzo de 2001, en California, un estudiante de primer año llevó un arma a la escuela, mató a dos compañeros de clase e hirió a trece más, así como a varios adultos. En enero de 1995, en Belfast, Irlanda, en el diario que una joven de catorce años dejó antes de suicidarse se podía leer una vida de terror cotidiano en las manos de sus compañeros de clase. En una escuela secundaria en Colorado, dos estudiantes que habían sido víctimas de intimidación decidieron vengarse. En 1997, Evan Ramsey, de Alaska, a la edad de dieciséis años, mató a tiros a un compañero de clase y al director de la escuela después de aguantar la burla e intimidación repetida de parte de compañeros.

«Cuando el sufrimiento que produce la violencia sobre un niño o un adolescente no ha sido verbalizado o socialmente reconocido —dice el psiquiatra Jorge Barudy—, el riesgo de que se exprese sobre otras personas es muy alto.»[23] A veces, puede quedar en descubrir en poco tiempo que es mejor molestar que ser molestado, pero las agresiones reiteradas no generan este tipo de respuestas. Si la víctima descubre que el poder sobre otro le permite defenderse y tener un lugar,

---

23. Barudy, op cit., p. 129.

un «nombre» sobre los demás, puede llegar incluso a no sentir ningún remordimiento por sus actos. Por ejemplo, en Japón, donde la cultura tiene una gran influencia debido a la presión que ejerce sobre niños y jóvenes respecto del rendimiento escolar, no es raro que muchas víctimas opten por convertirse en *bullies,* en un país donde ya es alto el número de suicidios de los estudiantes en relación con el acoso.

Ésa es una muestra más de que «la ley» del *bullying* no es el resultado de «la ley del más fuerte», sino de la ley del más débil. Porque un débil, cuando denigra, lo hace para erigirse como el más fuerte, y lo hace sin medir las consecuencias: procesos psicológicos, actitudes y comportamientos compartidos, en el microsistema de los iguales, en la zona oscura de la intimidad, donde los límites entre el agresor y sus secuaces se confunden. Es allí donde las víctimas empiezan a dejar que crezca en ellos su propia violencia y su necesidad de destrucción. A veces, se trata de episodios de ira intensa, de irritabilidad extrema... hasta acabar destruyendo su propia vida o, como en el caso del *bully,* la de los demás.

POR QUÉ LOS *BULLIES* NECESITAN LASTIMAR A OTROS PARA SENTIRSE BIEN CONSIGO MISMOS

Como se ha explicado, en la mayoría de los casos porque ellos mismos son también víctimas de abuso, y no necesariamente por parte de los padres. No obstante, la agresión continuada hacia un niño por parte de un adulto no es un drama que se desarrolle sólo en la televisión o en el cine, y en muchos casos la realidad supera la ficción. En ocasiones, las lecciones destructivas no les llegan sólo a través de la televisión, o el cine, sino de la propia experiencia. Los padres enseñan a sus hijos a maltratar cuando los maltratan o cuando permiten que ellos maltraten a otros porque pase lo que pase sólo defienden a sus hijos. En otros casos, el medio cultural puede ser muy influenciable. Especialmente en culturas o grupos donde predomine un ideal de masculinidad basado en el hombre duro y despiadado, el fanático culto al «macho». En esos casos, los chicos deberán mostrar su fuerza si quieren mantener el ideal impuesto. Entonces, si aparece «el otro» y siente su presencia como una amenaza, desencadenará su rabia... sin más, para no dudar de sí mismo.

¿Cómo saber si las amenazas del niño o del adolescente son verdaderas?

No hay que esperar a que se produzcan las tragedias en las que chicos de seis a diecisiete años disparan y matan a otros después de haberles amenazado, o porque se han cansado de ser víctimas de un *bully*. De poco sirve preguntarse después: «¿Cómo hemos llegado hasta aquí?».

En principio, tanto padres como profesores deberían ser conscientes de que, en general, las amenazas que hacen los niños y los adolescentes no se llevan a cabo sólo cuando hay conductas negativas que llamen la atención. Por ejemplo, un niño con un historial de comportamiento violento o agresivo es más probable que lleve a cabo sus amenazas que aquel que no se comporta de manera violenta; pero tampoco esto es una regla fija. Tal vez, si ha tenido antecedentes de comportamiento violento o agresivo en el pasado (incluyendo arranques o arrebatos de rabia incontrolables) y tiene fácil acceso a revólveres u otras armas, o ha tenido intentos de suicidio, si nunca acepta la responsabilidad de sus actos y está acostumbrado a actuar impunemente, entonces sus amenazas pueden ser ciertas. También si ha sufrido experiencias recientes de humillación, vergüenza, o rechazo, si ha intimidado ya a niños menores u otros de su edad, si ha sido víctima o testigo de abuso, si le apasionan los temas o actos de violencia en los programas de televisión, cines o teatros, música, revistas y videojuegos, si sufre algún tipo de enfermedad mental (como depresión), si consume alcohol o drogas, si muestra crueldad con los animales, etc., tan sólo por poner algunos ejemplos.

Pero no es fácil saber si el niño o el adolescente cumplirá su amenaza tan sólo por estas señales. En ocasiones, se trata de ideas que va gestando lentamente a causa del daño percibido, como rechazo o ataque. Puede ser que amenace con que va a hacerle daño a alguien, con que va a irse de casa, con que van a verle en televisión,[24] con que se va a hacer daño a sí mismo, con que va a destruir o quemar algo que no es de su propiedad...

Independientemente de intentar predecir el comportamiento del niño o del adolescente, de lo que se trata es de ayudarle a descubrir por qué se siente así y qué puede hacer para cambiar ese sentimiento. Si se llega a la conclusión de que el niño está en peligro, es prioritario consultar a un psicólogo o a un psiquiatra. Obviamente, el profesional evaluará todos los aspectos de la personalidad del joven, así como los factores que le impulsan a tener esos pensamientos y actitudes en el presente.

De manera especial, los profesores deberían informarse de si la familia del alumno que amenaza se niega a que él reciba ayuda. En ese caso el colegio puede contactar con la asistenta social para conseguir ayuda, a fin de llevar lo antes posible al niño a un hospital para que sea evaluado y supervisado hasta que pase el peligro que puede representar tanto para los demás como para sí mismo.

Cómo reconocer a un *bully*

El hecho de que de que usted descubra si un niño o un adolescente es un *bully* no significa que deba actuar de inmediato. Fundamentalmente porque cuando un niño o un joven que ha maltratado a otro es descubierto, si ve que sus argumentos no son convincentes, puede escapar del colegio o del hogar. Muchos de ellos, incluso, no lo hacen

---

24. Como el chico que tomó el colegio de l'Hospitalet. Según el diario *El Mundo* (20 de noviembre de 2002) y Europa Press, le había dicho a un amigo: «Mañana me verás en la televisión».

en el mismo día, sino en los días posteriores, debido a que experimentan una especie de claustrofobia ante tanta presión, o bien por temor al castigo de los padres, en especial a los castigos físicos. Por otra parte, hay que observar sus reacciones antes de «tomar medidas», ya que no siempre la crueldad que pueden manifestar los *bullies* es un problema de aprendizajes negativos, ni un problema constitucional.

Para el psicoanalista vienés Alfred Adler (1870-1937), en realidad «la crueldad sólo se encuentra formando parte de una conducta compensatoria en niños cuyo sentimiento de inferioridad también en otros aspectos los impele hacia una prematura y precipitada amplificación de su ideal de personalidad»; un «cuadro multifacético» que, además, «muestra numerosos rasgos accesorios, como, por ejemplo: obstinación, ira...».[25]

Si usted cree que su hijo es un *bully*, consulte a un profesional especializado, mejor un psicólogo infantil o de adolescentes, según el caso. La guía que le proponemos es sólo para que usted sepa por dónde puede indagar, pero no olvide que siempre lo primero que debe buscar es que, con seguridad, si hay un agresor, hay una víctima:

1. ¿Cree que el joven que tiene frente a usted está experimentando un cambio importante de conducta, como mostrarse más encerrado en sí mismo, menos comunicativo, pendiente en exceso de la llamada de algún compañero que a usted no le causa buena impresión?

2. ¿Trae a menudo dinero de la escuela o cosas que no le pertenecen?

3. ¿Cree usted que él o ella se siente mejor cuando se lastima a alguien?

4. ¿Es su hijo más grande y fuerte que los de su edad y usa a menudo su tamaño y fuerza para conseguir lo que quiere?

---

25 Alfred Adler, *El carácter neurótico*, Planeta-De Agostini, Buenos Aires, 1984, pp. 225 y ss.

5. ¿Cree que su hijo ha sufrido maltrato de alguien en el pasado y que por ello siente como si tuviera que compensar ese dolor haciendo sufrir de la misma manera a otros?

6. ¿Evita pensar en lo que sufren los demás cuando les dice o les hace cosas que los lastiman?

7. ¿A menudo demuestra que percibe *a los otros niños* como una amenaza?

CONSEJOS PARA LOS PADRES

Como es lógico, pensar que uno tiene un hijo violento no es un asunto fácilmente digerible. Para muchos padres las bromas pesadas a sus compañeros, sus transgresiones y los disturbios que provocan forman parte de los juegos infantiles y adolescentes:

—Lo hemos hecho todos —dijo un padre para justificar el comportamiento de su hijo ante la dirección de la escuela.

—Yo no —le respondió el director.

Y es que no se trata ya del niño que no sabe compartir sus cosas y que responde con un puñetazo al que se las quiere tocar, o del adolescente que empuja al que no es de su grupo: se trata de jóvenes que desvalorizan a sus compañeros, los tratan mal, no los toleran, los humillan, los discriminan...

La pregunta entonces es: ¿por qué algunos padres no desean enterarse de cómo es su hijo? ¿Por vergüenza? ¿Por falta de recursos psicológicos y humanos para afrontar el problema? ¿O porque implícitamente avalan ese tipo de actitud y reciben con agrado la noticia de que su hijo es un «líder»?

Y es que decir a un hijo «debes ser bueno» no tiene mucho sentido. Ellos escuchan no sólo lo que se les dice, sino también —y sobre todo— lo que se dicen los padres entre ellos. Escuchan el lenguaje no verbal y lo que sus padres dicen de otras personas. Saben qué libros o revistas leen, cuáles son sus programas de televisión preferidos, qué les avergüenza o les aburre, en qué son indiferentes y de quiénes, etc. Saben qué ideología hay en la familia, absorben la ética de los padres... Y si los padres son creíbles, los hijos no tendrán dudas a la hora de volver sobre sus pasos cuando se han equivocado.

Lo sorprendente es que hay niños que muestran un comportamiento violento desde la edad preescolar y los padres no lo ven hasta que llega la pubertad, porque durante mucho tiempo habían estado convencidos de que lo mejor, antes de ayudarlos a corregir esa conducta, era «esperar que lo superaran solos únicamente por el hecho de crecer».

A partir de ahora tome muy en serio el comportamiento violento de su hijo, independientemente de la edad: es uno de los desafíos más importantes de los padres. No se conforme con decir: «Está pasando por una fase». La gama de estos comportamientos violentos visibles desde la infancia es muy amplia: explosivos arrebatos de ira, agresión física, peleas, amenazas, intentos de herir a otros, pensamientos homicidas, uso de armas de fuego, crueldad hacia los animales, encender fuegos, destrucción intencional de la propiedad o el vandalismo, etc., y minimizarlos no conduce a nada.

Seguramente, si usted ha descubierto que su hijo intimida a otros se preguntará qué puede hacer para desactivar estas conductas. Si su hijo ha cometido actos realmente graves tal vez lo más conveniente sería consultar a un profesional especializado. A veces, es la escuela la que mantiene una actitud negativa hacia el niño que es diferente y los niños primero copian, pero luego se identifican con los adultos que actúan como modelos, así que asegúrese sobre qué está pasando realmente.

Usted tendrá que trabajar con su hijo si lo que desea es que modifique su comportamiento: por un lado, observando qué desea cambiar; por otro, intentando ser usted un modelo, es decir, enseñándole cómo resolver problemas de un modo no violento. Como es lógico, no espere resultados demasiado pronto. Mejor es fijarse metas según la edad, personalidad, habilidades, sexo y desarrollo del niño. Los niños de la misma edad, por más que estén pasando por etapas similares, no tienen los mismos intereses. Así que pregúntese: ¿qué es exactamente lo que el niño hace o no hace repetidas veces y qué cree que debe cambiar?

Si usted desea que su hijo deje de pegar a otros niños y que solucione sus problemas mediante el diálogo, debe proceder paso a paso y de un modo consecuente. En cada oportunidad que crea conveniente muéstrele cómo hacerlo. Y recuerde: cuando él o ella fallen, si usted dice que se avergüenza, su hijo repetirá la mala conducta. Piense que tal vez él no ha recibido hasta ahora la confirmación de que puede ser algo diferente, así que es importante cortar la cadena de confirmaciones negativas.

Cuando se dirija a él no grite, aunque su hijo lo haga. De lo contrario, habrá creado el modo más rápido para que aprenda a elaborar mecanismos de impermeabilidad frente a reprimendas o sermones, y dará señales de que «todo le resbala». No en todas las etapas un niño se comporta agresivamente por imitación. Cuando es mayor, lo hace por identificación. La imitación es más superficial, mientras que en la identificación dice: «Yo soy eso», así que no dude en ejercer usted como modelo. No le diga que odia la violencia ni le dé un cachetazo cuando dice una palabrota, no lo humille. Y siempre:

- Dialogue. No importa la edad de su hijo. Al igual que los niños y los adolescentes, su hijo también necesita que se le explique que la violencia se puede evitar y que es una pérdida de tiempo porque obstaculiza los momentos que puede dedicar a hacer otras cosas más interesantes.
- Enséñele la diferencia entre el precio de un objeto, lo que vale en términos de dinero, y el valor que él le da a determinadas cosas.
- Enséñele que el valor del esfuerzo es siempre mejor que la búsqueda rápida de resultados.

- Elogie los esfuerzos cuando vea que el niño o el adolescente han logrado un comportamiento no hostil, y no deje de dar incentivos como formas de reforzamiento.
- Intente que el colegio trabaje en el manejo de la rabia. Por ejemplo, averigüe si hay actividades artísticas, deportivas, talleres de expresión corporal, etc. En algunos colegios, además de estos medios, a principio de curso los alumnos prometen no molestar a sus compañeros, a fin de que éstos puedan estar más tranquilos a la hora de estudiar; también se hacen reuniones de autorreflexión sobre temas que interesan a la comunidad, para incentivar el sentimiento de responsabilidad. En un colegio de Los Angeles[26] se insta a el o los *bullies* y a los observadores pasivos a asistir a clases de mediación de conflictos después de clase.
- Intente utilizar los mismos criterios en casa que en el colegio.
- No crea en la indiferencia que su hijo muestra. A menudo, tanto los niños como los adolescentes, si no padecen ninguna patología, actúan con indiferencia sólo cuanto mayor es su temor a decepcionarse.
- No personalice los comportamientos de su hijo con etiquetas. Cada vez que un padre intenta parar los comportamientos violentos con mensajes como «eres mi cruz» o «eres un desastre», acaba reforzando la conducta negativa: está influyendo para que se comporte siempre de la misma manera, para que siga «siendo la cruz» o «un desastre», ya que éste es el único modo en que son reconocidos. Empiece por hacerle sentir que él o ella pueden dominar su actitud. Éste es siempre un buen comienzo.
- Enseñe a un niño a ejercer un control consciente de sus actos porque enseñarle a controlarse no tiene nada que ver con la represión. Por ejemplo, enséñele a que respire profundamente antes de actuar.

---

26. Ver información en: http//mbv13.terra.es/frame.html

- Evite hacer reproches desproporcionados y no olvide prestar atención a los esfuerzos.
- Negocie con él de forma continuada. Rompa las hostilidades.
- Respételo, para que se sepa respetar. Cuanto antes empiece, mejor.
- Hable en positivo, en lugar de negar; afirme, en lugar de castigar; afirme y oriente.
- Preste atención a lo que su hijo haga y no a lo que diga.
- No moralice. Deje claras unas pocas normas precisas y justas, de lo contrario tendrá consecuencias desproporcionadas. Es decir, una segura actitud de rebeldía ante aquello que no se puede asimilar. De ahí que las normas deban ser también coherentes.
- Proporciónele alternativas para que pueda reconocer que se equivoca. Por ejemplo, si es adolescente propóngale que haga algo en beneficio de la familia para compensar su mal comportamiento: una tarea cualquiera, como cortar el césped, hacer la compra, llevar la ropa de los hermanos a la lavandería...

CONSEJOS PARA LOS PROFESORES

Enfrentarse a un *bully* no es fácil para los docentes. El *bully* siempre demuestra ante los profesores que no tiene ningún problema. Pero hay que actuar. Usted no puede quedarse como si le dijera «aquí no pasa nada». Sí pasa. Y hay que hablar con él, sin gritarle ni enfrentarse.

Piense que generalmente él o ella no se desenvuelven muy bien en el ambiente social donde no están sus espectadores habituales. Hágale unas cuantas preguntas y escuche cuidadosamente y con mucha atención lo que le responda. Por ejemplo, hágale preguntas del tipo: «¿Por qué estás haciendo esto?», «¿sabes que lo que estás haciendo está mal?», «¿alguna vez has sido molestado?», «¿en verdad tienes que hacer esto, o hay otra opción?», etc. El objetivo no es que el *bully* cambie de actitud, sino que sea consciente de que lo que está haciendo está mal. Si usted le riñe, él explotará, pero si le hace preguntas para que al menos dude de su comportamiento, le estará enseñando a respetarse a sí mismo. Hágale las preguntas cuidadosamente, comprendiendo que él o ella desean comprender.

Por otra parte, si ya sabe quién es el intimidador, intente mantener controlados sus escenarios preferidos mediante dos métodos, el control de los alumnos y escribir en carteles normas adecuadas a la edad del acosador haciéndolas visibles en las zonas de conflicto, generalmente se usan carteles que todos vean. Para los niños de seis a ocho años, generalmente se escriben unas pocas normas como:

- No hagas a otros niños nada que no quieras que te pase a ti.
- No toques a otro niño si ese niño no quiere que le toques.
- Si estás enfadado, habla. Los golpes, las patadas y los arañazos no solucionan nada.
- No está bien visto reírse de otros niños, quitarle las cosas a otros niños, o excluirlos.
  Cuando se trate de niños de ocho a doce años, las normas no sólo basta con escribirlas en un cartel, sino que se dan dos copias a cada niño y éstos las devuelven firmadas: una a los padres y otra al profesor. La copia firmada por los padres implica que esas mismas normas son aplicables no solamente en la escuela, sino también fuera de ella.
- No juzgues a nadie por su aspecto.
- Si te refieres a ti mismo por tu nombre, no pongas motes a tus compañeros.
- No excluyas a nadie de una actividad porque sea diferente a ti.

- No ridiculices a otros.
- No chismorrees sobre otros.
- No trates mal a otros, ni física ni mentalmente.
- No hagas caso a un intimidador. Si el intimidador no deja de intimidar, díselo al profesor.
- Si estás siendo intimidado, habla de ello en casa, no lo mantengas secreto.
- Los recién llegados suelen ser intimidados. Dales la bienvenida y cuídalos.
- De los doce a los catorce años, se pueden incluir, además, las siguientes normas:
- No insultes a nadie.
- No te precipites en sacar conclusiones.
- No unas fuerzas para ridiculizar a otros.
- No amenaces a nadie.
- No juzgues a una persona por su apariencia.

Como es lógico, estas normas son sólo unos ejemplos, que pueden variar según las necesidades.

En algunas experiencias llevadas a cabo en países nórdicos se utilizó la terapia musical para canalizar la violencia de estos niños que, en su mayoría, eran a su vez víctimas de abusos, *bullies* de menos de doce años, y dio excelentes resultados. Mediante la improvisación musical, los terapeutas lograron que los niños más agresivos y violentos expresaran sus emociones, dejando a un lado los canales físico y verbal, que habitualmente usaban. Otros países europeos decidieron tomar otro tipo de medidas más duras para frenar el problema. Por ejemplo, en Francia, algunos institutos optaron por separar a los niños más violentos y darles clases especiales. En Dinamarca, la mayoría de los proyectos centran su atención en la reinserción del *bully,* al que a menudo se le hace prometer que deberá cumplir las exigencias de la escuela para aceptarle nuevamente. En ningún caso estos proyectos trabajan sobre los sentimientos. No obstante, en estas intervenciones, que pueden llegar a durar de seis meses a dos años, se proponen trabajos de grupo y se evalúan los cambios que se van logrando, mediante técnicas proyectivas.

Todas estas alternativas no excluyen evidentemente las normas disciplinarias, que van desde una advertencia por escrito hasta la expulsión permanente, pero antes de llegar a ese punto se intentan utilizar otras alternativas como citar a los padres del *bully*, adjudicarle un trabajo social, someterlo a una exclusión interna otorgándole tareas y trabajos para presentar en diferentes etapas de diferentes asignaturas... Pero también es necesario que el equipo docente esté informado sobre la responsabilidad civil de los jóvenes, para saber qué hacer si atacan a un compañero de igual edad o menor que ellos en los casos en que ha habido heridas. Es decir, si debe recurrir a la policía, a los servicios sociales o si debe pedir responsabilidad a los padres.[27]

---

27. Véase en el último capítulo la protección legal de la que se dispone en nuestro país.

La respuesta de la víctima

A diferencia de los animales, el hombre no tiene más naturaleza que su propia historia...

Guerra y paz en la aldea global
MARSHALL MCLUHAN

En la novela *Demian,* de Hermann Hesse, el joven Sinclair describe el miedo que siente ante un muchacho llamado Kromer, que le extorsiona para que le dé dinero:

> Por la mañana, cuando mi madre entró presurosa diciendo que era tarde y preguntándome por qué estaba aún en la cama, yo tenía muy mala cara. Al preguntarme si me pasaba algo, vomité. Parecía que con aquello ganaba algo. Me gustaba estar un poco enfermo y pasarme una mañana entera en la cama. [...] ¡Ojalá me hubiera muerto! Pero sólo me sentía un poco mal, como muchas veces me había sentido, y con eso no se arreglaba nada. Sí; me salvaba del colegio, pero no me salvaba de Kromer, que me esperaría a las once en el mercado. [...] Sin dinero no podía presentarme a Kromer. Tenía que hacerme con la hucha, que al fin y al cabo me pertenecía. No contenía dinero suficiente, eso ya lo sabía; pero algo era, y un presentimiento me decía que mejor era eso que nada y que así Kromer se apaciguaría.

Sinclair está convencido de que debe ser fuerte y no contar a nadie lo que le sucede, y menos a sus padres, así que busca desesperadamente cómo dar a su acosador la suma que desea creyendo que así dejará de molestarlo. Huelga decir que Sinclair no consigue desembarazarse de Kromer dándole dinero, más bien al contrario, y sólo lo consigue cuando se une a un chico más fuerte que su acosador.

En el mundo real ocurre más o menos lo mismo. Dar a un *bully* lo que pide no soluciona nunca el problema, básicamente por dos razones: porque el *bully* encuentra de este modo en su víctima una fuente de satisfacción; y porque cuanto más da al otro lo que le pide, la víctima empieza a atribuirse errores, defectos, como si dudara de si ha hecho algo para que eso le suceda. Esta culpabilidad, que tarde o temprano las víctimas ven como una realidad, les lleva a creer que está en sus manos remediar el problema, y no encuentran mejor salida que dar al *bully* lo que pide. Desgraciadamente, la fantasía de que todo volverá a ser como antes se desintegra cuando la víctima se da cuenta de que el acosador se convierte en una especie de ser insaciable que exige más y más sacrificio. De este modo, el miedo y la confusión de la víctima fácilmente se convierten en pánico, y el *bully* sigue actuando en la más absoluta clandestinidad. La víctima no cuenta su secreto a nadie por miedo a sufrir más, así que cuando los padres se dan cuenta descubren tardíamente verdaderas catástrofes. De nada sirven los reproches dirigidos a uno mismo, como no haber entendido los dolores de estómago del hijo antes de ir al colegio, los lloros, las pataletas, el aislamiento… No haberse dado cuenta a tiempo de que los miedos eran más una señal que una excusa para no ir a clase.

El viernes 11 de octubre del año 2002, cuatro alumnas de un instituto de Melilla que tenían entre trece y quince años golpearon a una compañera de catorce contra el suelo hasta dejarla inconsciente.[28] Ellas no eran sus acosadoras. Eran las violentas. Su acosador era un chico que vivía amenazándola y que, tras una discusión, le dijo que llamaría a otras personas para que le pegaran. Así lo hizo. El lunes siguiente la víctima volvió al colegio con un collarín, y las amenazas persistieron, así que los padres se vieron obligados a acompañar a su hija no sólo a la entrada y salida del colegio sino también estar con ella en los recreos.

---

28. *El Mundo*, noticia de la agencia Europa Press, miércoles 16 de octubre de 2002.

Me pregunto qué medidas tomó la institución para la protección de la víctima, además de —por supuesto— expulsar a las estudiantes. Se supo que los padres las denunciaron ante la Fiscalía de Menores, pero ¿cómo no hubo un sistema capaz de proteger a esta alumna, sin necesidad de que tuvieran que ir al instituto los propios padres? Para las víctimas, la inacción de los centros y de los padres tiene a menudo consecuencias trágicas. Y no sólo porque ellas mismas pueden llegar al extremo de protagonizar una explosión de violencia incontrolada, sino porque muchas de ellas padecen altos niveles de estrés, al violarse su derecho a sentirse seguras. No se quiere decir con esto que «actuar» implique empujar al hijo o la hija a que se enfrente al hostigador. Nadie en su sano juicio recomendaría a una víctima de intimidación que se defienda sola. Más aún, una actitud semejante causaría una escalada de violencia. Es fundamental buscar una persona adulta dentro del colegio en quien puedan confiar (un consejero, maestro u otra persona) para que le procure ayuda. Que se rodee de personas, que no esté sola y que sepa que en su colegio existen mecanismos sólidos para parar el *bullying*, cosa que podrá conseguir con ayuda de sus padres.

¿Cómo saber si su hijo es víctima de *bullying*?

Hay muchos indicios que pueden estar avisando a los padres de que su hijo es víctima de un *bully*. Algunos niños, incluso estando mal, son hábiles en esconder sus sentimientos (es una forma de autoprotegerse) y, por esa razón, los padres no descubren lo que les pasa hasta que empiezan a notar cambios mucho después.

En los niños pequeños estos cambios incluyen variaciones de humor, trastornos del sueño (como pesadillas o terrores nocturnos), conductas regresivas, enuresis, retraimiento social, temores inexplicables ante otros niños, violencia, rebelión constante ante las normas, miedos irracionales, agresión hacia sus hermanos.... También pueden manifestar cambios bruscos en el rendimiento escolar, mentiras, excesiva sumisión frente al adulto, dolores abdominales, delincuencia, etc. En los preadolescentes y adolescentes pueden aparecer, además de estos indicadores, conductas agresivas en el hogar y hacia los compañeros, también conductas autoagresivas, delincuencia, trastornos de la alimentación.

Ahora bien, cuando su hijo diga que no quiere ir al colegio, o diga estar enfermo, observe:

1. Si tiene moratones y/o heridas en el cuerpo.
2. Si frecuentemente llega a casa con la ropa estirada o rota.
3. Si comenta que le roban sus cosas o si cada día explica que pierde pertenencias.
4. Si deja de ver a los que decía que eran sus amigos y pasa muchas horas en casa solo.
5. Si manifiesta cambios temperamentales y de humor sin causa aparentemente. Por ejemplo, está más callado y apartado de la familia que antes (una actitud típica en los adolescentes pero que habría que ver si se agrava).
6. Si evita salir solo de casa, no quiere hacer el trayecto hacia el colegio solo, abandona sin razón actividades que antes le gustaban.
7. Si manifiesta angustia cuando se habla de la escuela, tiene problemas con el estudio, ha bajado las notas, o le cuesta concentrarse.
8. Si ha habido cambios en los hábitos de dormir y de comer.
9. Si muestra retraimiento de sus actividades habituales.
10. Si ha perdido interés en juegos, pasatiempos y otras distracciones.
11. Si demuestra un abandono poco usual respecto de su apariencia personal.
12. Si manifiesta cambios pronunciados en su personalidad.
13. Si muestra dificultad para concentrarse más de la habitual.

Si cree que algo extraño o diferente sucede, entonces no dude en hacer preguntas directas pero generales —no sólo para que conteste «sí» o «no»— y de un modo natural. Por ejemplo:

—¿Qué hiciste hoy en el colegio?
—¿Te fue bien?

—¿Hay algo que no te gustó?

—¿A qué jugaste?

—¿Qué te gustó más en el día de hoy?

—¿Qué has hecho a la hora del almuerzo?

—¿Hay alguien en clase que no te guste?

—¿Quieres ir al colegio mañana?

—¿Hay alguien que no te guste en tu colegio?

Si descubre que su hijo está siendo intimidado, hágale ver que usted está de su lado y que cuanto le ocurre no es por su culpa. No pertenezca en ningún caso al grupo de padres que han perdido los estribos y han intentado disuadir al agresor con amenazas o algún tipo de agresión física o verbal. Estos padres acabaron teniendo la entrada prohibida en el colegio.

Por otra parte, lo probable es que su hijo no sepa enfrentarse al abuso y que necesite su ayuda incluso para saber cómo debe actuar. No le avasalle, tómese su tiempo y no exija respuestas. Si usted sospecha que su hijo/a está siendo víctima de un *bully* no exagere. Probablemente él no puede soportar más presión.

CUANDO LA VÍCTIMA PIERDE EL APOYO DEL GRUPO

El doctor Martin L. King dijo en una ocasión: «No recordaremos las palabras de nuestros enemigos, sino el silencio de nuestros amigos». Para las víctimas de *bullying*, saber que alguien del grupo le apoya es fundamental. Porque le proporciona la fuerza que necesita para salir de lo que más lo tortura: la soledad. En las escuelas en las que se habla del *bullying*, de temas como la no-violencia, donde de un modo continuado se mantiene informados a los alumnos sobre las consecuencias de los comportamientos hostiles, las víctimas pierden el miedo a hablar y buscan ser protegidas por sus compañeros: un mecanismo importante porque entonces ya no es la víctima la que se opone a su agresor, sino el grupo. A partir de los diez u once años, cuando el grupo está bien informado, ha hecho tareas grupales de reflexión o ha participado en algún tipo de foro que el centro ha propuesto, es raro que el grupo no se comprometa si ve una injusticia. Si lo hace, en la mayoría de los casos, el que queda aislado es el *bully*.

Las tres fases de la tortura

No hay que olvidar que para los niños y adolescentes que reciben diariamente burlas, descalificaciones, humillaciones, así como cualquier tipo de violencia por parte de un compañero, la escuela es para ellos un lugar de tortura. Para algunos, incluso, la única salida del permanente terror al que son sometidos es «desaparecer», porque a determinadas edades el grupo es mucho más importante que el fracaso académico.

En Japón, por ejemplo, si bien se sabe que el daño psicológico y moral de las víctimas es difícil de estimar, se tiene presente que cerca del 10 por ciento de los suicidios totales de adolescentes en un año es a causa del *bullying*. Algunos eruditos afirman que «la naturaleza oscura y cruel», basada en el abuso emocional y físico, de la educación japonesa es la causa principal de que los niños, que ya están expuestos a un alto nivel de presión académica, reciban la presión de un acosador. Cuando una víctima recibe además la presión de un compañero del mismo curso, si el grupo no la evita (cosa que generalmente no hace por miedo a ser considerado como ella), la víctima pasa por una serie de etapas hasta que llega a sentirse y a actuar como un verdadero culpable. Cuando la víctima está atrapada en el círculo de dolor producido por el acoso, tardará poco en culpabilizarse de ser de un tamaño diferente —más pequeño o más grande— que la mayoría de los otros chicos de su edad. Podrá culpabilizarse de pertenecer a una raza diferente, de ser mujer (si la acosan los niños), de tener un defecto para caminar, de hablar de una manera diferente, de su nombre o su apellido, si éste es en algún momento argumento de burla... Podrá sentirse tan culpable que podrá acabar en el peor de los ostracismos.

No se trata únicamente de que la víctima actúe con miedo, sino de no poder liberarse de esa sensación de ser rara, débil y torpe. Los niños y los adolescentes acosados sienten que, además de todo eso, no hacen nada bien. El *bully* es tan popular que la víctima cree que todo el mundo la mira, le apunta... El miedo y la vergüenza poco a poco van debilitando a la víctima, hasta tal punto que algunas procuran disimular sus rasgos físicos si éstos son excusa para el acoso. Tal es el caso de una joven que le pidió a su padre extranjero que no asistiera a la fiesta de fin de curso del colegio porque él no era como los demás padres. Unas gemelas mulatas de quince años, que estudiaban en un colegio privado de Barcelona, sufrieron una patología en el cuero cabelludo al dañárselo con un producto que les aseguraba quitarle los rizos del pelo. Ambas eran acosadas por un compañero de curso por sus rasgos desde que estaban en sexto grado.

Primera fase: de los motes inocentes al estigma

Para un niño o un adolescente, no saber cómo enfrentarse a los motes, no saber cómo comportarse cuando los demás le llaman «gafotas», «orejas de elefante», «grasita», etc., acaba generando en él un estado de ansiedad tan poderoso que no le permite estar relajado, sino siempre alerta, pendiente de cuándo recibirá la próxima burla. No se trata, pues, únicamente del momento del ataque, de la risa colectiva, de que el grupo que etiqueta adquiera cada vez más fuerza. Se trata ante todo de que las expectativas principales de la víctima se centran en no ser blanco de otro ataque. Ya no le importa tanto cómo pasará el tiempo con sus amigos, qué tiene que estudiar para el día siguiente, o cómo va a llevar a cabo un proyecto. Lo único que le interesa es cómo va a hacer para no volver a sufrir.

Algunas personas creen, erróneamente, que este «estar pendientes» indica que las víctimas son seleccionadas por el *bully* porque son débiles, inseguras y con baja autoestima. Pero esto no es así. A menudo se trata de niños bien adaptados y sin problemas de inseguridad que, tras sufrir en silencio el acoso, se comportan de un modo extraño, más inhibido y con miedo. Por esa razón es incorrecto afirmar que esta baja autoestima existía antes de ser intimidados. A veces, la víctima soporta altos niveles de estrés y esto la lleva a sentirse aún más inferior para hacer valer sus derechos. Por otra parte, no hay que olvidar que tal vez el grupo ya ha empezado a darle la espalda, y que tal vez ella esté haciendo grandes esfuerzos para caer bien y ser aceptada. Pero es inútil, ella sola no puede con un *bully* que tal vez ya ha pasado de las burlas a la agresión y todo lo que hace, si no está basado en la defensa de sus derechos, será usado en su contra. Por otra parte, el grupo, al no estar preparado para actuar como mediador ante este tipo de conflictos, y como sólo sabe tomar parte de quien ejerce mayor fuerza, es probable que siga burlándose y agrediendo a la víctima, que sea permanentemente estigmatizada y que la acosen hasta que ya no pueda defenderse.

Segunda fase: confusión y derribo

«Acosar», según la definición de María Moliner,[29] es «perseguir a una persona o animal sin permitirle descanso, [...] para cazarlo». «Hacer objeto a alguien de persecuciones o malos tratos.» Un niño o un adolescente es acosado por un compañero cuando sistemáticamente es agredido y violentado por un compañero con intención de dañarlo. Por ejemplo, cuando se le obliga a aceptar bromas pesadas, dar dinero, cuando se le pega... Ya no se trata sólo de reírse de él o ella. Es un maltrato dirigido. La víctima, durante esta fase, ya se siente única responsable de lo que le sucede. No comprende por qué los demás sólo ven su pelo rizado, su gordura o sus gafas. «Es que para todos siempre soy "el gordo"», explicó un niño de diez años a su profesora cuando ésta le preguntó por qué no se había quejado al director antes de llegar a que un *bully* y tres de sus secuaces le desnudaran en el lavabo y escondieran su ropa. También en esta fase la víctima intenta ocultar o borrar lo que ella cree que es la causa de

---

29. María Moliner, *Diccionario de uso del español*, tomo 1, Editorial Gredos, Madrid, 1977.

su dolor. La víctima ya ha acumulado suficientes insultos, con lo cual se acaba viendo como alguien que no importa a nadie. Incluso, puede llegar a creer que de algún modo se lo merece.

Tercera fase: el aislamiento

La víctima se aísla porque el grupo la aparta, pero también porque teme volver a sufrir. Puede sentir ira, rabia, sed de venganza, aunque no sea consiente de ello. Aquí su autoestima ya ha sido dañada. No sabe a quién acudir y se siente lo suficientemente mal como para no querer volver a clase. Y aunque el objetivo del *bullying* no era excluirla o aislarla, la exclusión es una de las consecuencias. Cualquier adulto puede ver este aislamiento, porque se trata del típico chico o chica que ya no quiere estar con sus amigos, no quiere divertirse, no quiere jugar y no desea participar de ninguna de las cosas que antes le alegraban...

QUÉ DEBEN DEJAR CLARO LOS ADULTOS SI DESCUBREN QUE UN NIÑO O UN ADOLESCENTE ESTÁ ATRAVESANDO POR ALGUNA DE ESTAS TRES FASES

Deje claro ante el alumno o ante su hijo que, si el grupo le ha dado la espalda, es que está siendo marginado. Explíqueselo con serenidad, pero directamente. Coméntele también que existen distintas maneras en que una persona puede sentirse lastimada, temerosa o incómoda. No necesariamente alguien tiene que hacerle algún daño de tipo físico para que ello ocurra. En la mayoría de los casos, el daño emocional o moral suele ser mayor. Hable con ellos del *bullying*. Explíqueles —según la edad de los jóvenes— que en los casos en que los hechos se dirigen a la misma persona más de una vez, y generalmente se repiten varias veces durante un período, el niño lastimado puede llegar a enfermar. Si son adolescentes, cuénteles sin detalles que algunos jóvenes llegaron incluso al suicidio.

¿Qué tipo de víctima tiene usted delante?

La pregunta que tanto padres como profesores deben hacerse es qué tipo de víctima tienen delante. Aunque no se puede establecer una gran diferencia entre uno y otro tipo de víctima, más aún cuando cada niño y cada adolescente es diferente, lo que sí es cierto es que en cada uno de los cuatro grandes grupos de víctimas existen características que requieren diferentes tipos de intervención.

Las víctimas psicológicas

Las huellas de las víctimas psicológicas no son visibles. No hay heridas ni moratones, pero si usted es padre o profesor y está seguro de que el joven que está frente a usted es una víctima psicológica, tráte- le con la misma delicadeza y cautela con que trataría a quien está gravemente herido.

Miranda es una niña de padre español y madre africana que vive en Alicante. Ella cuenta: «Tengo 12 años y mis compañeras de colegio me acosan desde que tenía ocho. Siempre he vivido con mis abuelos y por eso todo el colegio se burla de mí, porque veo a mi madre sólo dos veces al año. Cuando se lo digo a las profesoras, ellas se ponen de lo peor. Les molesta cuando yo les digo que me molestan. Desde que mi padre se fue a trabajar a otra ciudad hay un grupo de chicas que largan rumores de todo tipo sobre mí y sobre mi madre. Me dicen que me vuelva a mi país, que no quieren a las de piel negra. Mis abuelos antes iban a hablar y se quejaban, incluso hablaron con los padres de otras niñas, pero no les hicieron caso. Ellos dicen que lo deje estar. No quiero ir más al colegio. Mis abuelos dicen que soy imbécil por preocuparme porque mientras no me pongan una mano encima no me puedo quejar, pero no es verdad, yo me siento cada vez peor. Ahora también recibo mensajes donde se ríen de mí por e-mail».

Sin duda alguien tendría que explicarle a los abuelos y profesores de Miranda que necesita que alguien le ayude. Los efectos del trato injusto han sido ampliamente estudiados por psiquiatras y psicólogos de todo el mundo. En especial porque, como se ha explicado, las víctimas presentan una imagen cada vez más negativa de sí mismas a medida que sus relaciones con otras personas empiezan a ser percibidas como poco seguras.

Es probable que un primer paso interesante sea aconsejar a esta niña para que entregue una carta a sus abuelos explicándoles detalladamente qué le está sucediendo, una copia a su tutor o tutora en la escuela y otra copia a algún centro de atención a la infancia. También puede llamar al «teléfono de la infancia» y pedir ayuda o simplemente tener alguien con quien hablar. Por último, las víctimas que también lo son por Internet o vía móvil deberían saber que:

- No tienen por qué abrir e-mails que desconocen.
- Deben eliminar todos los otros e-mails del mismo remitente sin abrirlos.
- Cuando los *bullies* no reciben una respuesta, su diversión se acaba pronto. Es posible técnicamente bloquear los e-mails de un remitente concreto, de forma que no se reciban. No todos los usuarios saben cómo realizar este bloqueo. En caso necesario, puede elegir otra dirección de e-mail, que sólo debe notificar de forma selectiva.
- La mayoría de los mensajes se escriben en un ordenador o en un teléfono del que no se muestra el número. El remitente puede permanecer anónimo. Algunos teléfonos móviles pueden bloquear algunos números. Si la situación pasa a ser insostenible, puede solicitar un nuevo número que deberá mantener en secreto.

Las víctimas sociales

Cuando empezó a cursar sus estudios secundarios en un colegio sólo de varones y de fuertes convicciones religiosas, sus compañeros proyectaron en él sus inseguridades sexuales. Francisco tomaba cursos de danza, lo cual le convertía en alguien diferente. La mayoría de sus compañeros se burlaban y le hacían bromas a diario. Francisco, no obstante, no podía identificar al cabecilla, no porque no lo hubiera, sino porque era un compañero que decía ser su mejor amigo y que vivía en su barrio. Francisco empezó a estar cada vez más solo y a sentirse cada vez más incomprendido. Cuando planeaban ir al cine no contaban con él, en los partidos de baloncesto jugaban como si no estuviera. Peligrosamente se fue convirtiendo en un alumno con poca iniciativa y comenzó a tener conflictos con su padre, que al igual que sus compañeros ponía en duda su condición sexual por su gusto por la danza. A los quince años enfermó gravemente de depresión. Dejó la danza y regresó al colegio meses después, pero fue peor. Todos le llamaban «el raquítico» por lo mucho que había adelgazado. Finalmente tuvo que cambiar de colegio.

CUANDO EL *BULLY* ESTÁ EN EL AULA Y VIVE ADEMÁS EN EL MISMO BARRIO

El principal problema cuando el *bully* vive en el mismo barrio es que puede haber graves consecuencias para la víctima si no se toman medidas eficientes a corto plazo frente el acoso. Algunos padres que ven sufrir a sus hijos creen que si dejan todo y se mudan se acabarán los problemas, sin comprender que la clave está en enseñar a sus hijos a salir ilesos de una situación complicada. Tanto si se trata de un niño como si se trata de un adolescente, es importante que la víctima tenga amigos en la zona donde vive, aunque no vayan a su mismo colegio, y que se junte con ellos. Si el niño va solo al colegio sería importante que vaya acompañado por alguno de ellos al centro, especialmente si su agresor es mayor que él.

La primera vez que el agresor moleste a su hijo explíquele que, si está rodeado de amigos, tal vez debería hablar con su acosador para explicarle que a él no le agrada pelear. Si se muestra atento, podrá preguntarle cómo cree que ambos pueden resolver el problema. Cuando esto no funciona, es conveniente que sea usted quien hable con los padres del *bully,* ya que viven en el mismo barrio, dándole todos los detalles y pidiéndole que le den ideas para solucionar el problema.

Pero hay otras alternativas. Ana, por ejemplo, una adolescente de catorce años, descubrió que si se hacía amiga de la chica que la molestaba en el colegio y en el barrio, invitándola a su casa, invitándola al cine o a la piscina, prestándole algunos de sus libros, lograría tener la situación bajo control. Y así fue, en poco tiempo dejó de molestarla. Una estrategia que no le sirvió a Julián. Él probó aliarse al *bully*, pero cuando vio que la situación podía empeorar cambió de estrategia. Invirtió sus ahorros en entradas para un partido de fútbol para toda la clase menos para el *bully*. Su método fue aislarlo y le dio resultado.

Por último, hay que recordar que el acoso no es un asunto trivial y que no siempre se arregla de modos tan fáciles. Cuando el *bully* vive en el barrio es importante que la víctima esté todo el tiempo controlada. Los padres de la víctima pueden tener aliados en el barrio que le informen sobre cuándo su hijo es molestado. En el capítulo 6 se ofrece una serie de estrategias para ayudar a las víctimas a mejorar su autoestima, su confianza y sus habilidades de comunicación para defenderse de los atacantes. El padre de un niño que era víctima de otro en Madrid, que además vivía en su misma calle, escribió una carta al colegio para que cambiaran los valores de la comunidad escolar haciendo hincapié en la participación activa de grupos de trabajo para informar y para solucionar problemas de acoso. En un año, el acoso entre escolares, según el director, había disminuido notablemente.

Las víctimas físicas

Desde principio de curso, Iván (ocho años) no ha dejado de molestar a Mario. Iván se sienta detrás de Mario. Cada vez que se quiere dirigir a él le da un puntapié por debajo de la mesa, golpes en la espalda, en la cabeza... Ambos son alumnos de una escuela de Argentina. Sin motivo aparente Iván le clava el portaminas a Mario en el cuello. Es la última hora, así que el profesor llama a la directora, que lo primero que hace es inmovilizar a la víctima: la punta del portaminas estaba dentro del cuello del niño. Llaman al servicio de urgencia y descubren que, de haber actuado de otro modo, se podía haber producido una lesión seria.

Cierto es que, como Iván, las víctimas físicas dan señales evidentes de maltrato, pero no hay que olvidar que suele haber además repercusiones psicológicas que deben ser tratadas sin excepción. Quedarse con lo que es aparente es privar de apoyos a un niño que, tal vez, pueda ser maltratado nuevamente.

Mario necesitó pocos puntos y una larga ayuda psicológica.

Las víctimas morales

«En febrero cumplo quince años y no sé si quiero seguir viviendo, ya que en mi colegio todos me llaman puta. En casi todas las clases me siento sola en un pupitre que es para dos; en el patio nadie se me acerca. El único chico que me hablaba ahora ni me mira, creo que tiene miedo a acabar como yo. Fui al médico porque tengo pesadillas y no puedo dormir. Mis padres están desesperados. Al principio me decían que yo era muy dramática, ahora se dan cuenta de que no miento, que es verdad. Yo también estoy pensando que he hecho mal por haber tenido dos novios. Al fin y al cabo ellas eran mis amigas y yo las cambié por ellos. Primero por uno y después por otro. La semana pasada he tomado pastillas.»[30]

Resulta evidente que las víctimas morales están tan heridas como las que son atacadas físicamente. Razón de más para que los padres tomen medidas urgentes. La vida de los niños y de los adolescentes

---

30. Otras víctimas morales: en 1986, en un pueblo de la provincia de Buenos Aires, Perla B. tomó veneno de hormigas para darle un susto a sus amigas que la trataban de «chica de baja moral»; ese mismo año Roxana se suicidó en un barrio de Puerto Rico porque sus amigas se reían de su cuerpo, que no se desarrollaba como el de las demás.

es una vida de relación, donde lo que piensa el grupo en el que se mueven es para ellos muy importante.

Cuando se trata de maltrato moral tal vez los padres deban hablar con el colegio para que, de algún modo, la víctima sea reintegrada, y se le ponga un tutor para que cuente cómo se siente y ejercite habilidades sociales en pequeños grupos. Respecto de los acosadores, el colegio tiene que instarlos a que paren los rumores.

A los niños y adolescentes que son víctimas de maltrato se les suele ver deprimidos, incluso algunos llegan a abusar del alcohol o de otras drogas tratando de sentirse mejor. Una importante minoría tiene además problemas con la comida. Es probable que ellos nunca o casi nunca admitan que están tristes o son infelices, excepto si se les pregunta directamente. En algunos casos, las víctimas morales necesitan ayuda profesional mediante un tratamiento que incluye la terapia individual pero también la familiar. Esta terapia es necesaria cuando los niveles de violencia sufrida producen un trauma conocido como síndrome de estrés postraumático. En ocasiones este síndrome no hace su aparición inmediatamente, y se puede tardar meses o años hasta que es diagnosticado. Si bien la recuperación en niños y adolescentes no conlleva problemas adicionales, es importante trabajar desde que aparecen los primeros síntomas para que disminuya el trauma, ya que, de lo contrario, el evento que dio origen al trauma reaparece en la vida del joven de diferentes maneras y como una amenaza. De ahí que el objetivo de la terapia sea ayudar a reducir los miedos y las preocupaciones.

Igual que ocurre con quienes han sido víctimas o testigos de abuso físico, abuso sexual, violencia en el hogar o en la comunidad, accidentes de automóvil, inundaciones, incendios, terremotos, o con aquellos a los que se les ha diagnosticado una enfermedad que amenaza su vida, un niño podrá tener memorias frecuentes del evento, sueños aterradores en los que se repite parte o la totalidad del trauma: sentirse y comportarse como si la experiencia se estuviera repitiendo en el presente. El riesgo de que un niño desarrolle el síndrome de estrés postraumático estará, no obstante, directamente relacionado con la seriedad del trauma.

Las víctimas y las señales del maltrato a largo plazo

Independientemente del tipo de violencia que un alumno haya sufrido de otro, todos los niños y adolescentes que han sido víctimas de *bullying* muestran una imagen demasiado negativa de sí mismos y poca capacidad para relacionarse con los demás. También es evidente que en poco tiempo muestran una deficiente habilidad para funcionar socialmente. Por otra parte, la tensión acumulada conlleva a menudo desórdenes de la atención, del aprendizaje o de la conducta, con un mayor riesgo de sufrir depresión. Algunos evidencian señales de maltrato no sólo por lo que callan —o por lo poco que cuentan— sino porque durante un período están más tristes y lloran a menudo. Otros pueden manifestar otro tipo de señales, como desesperanza, pérdida de interés en sus actividades favoritas, inhabilidad para disfrutar, aburrimiento persistente y falta de energía, comunicación pobre, culpabilidad, sensibilidad extrema hacia el rechazo y el fracaso, hostilidad, quejas frecuentes relacionadas con enfermedades físicas (como dolor de cabeza, de estómago, náuseas...), preocupación sobre la muerte a una edad temprana, mostrar más reacciones emocionales inesperadas y extremas, despertarse a media noche, tener problemas para dormirse o mantenerse dormidos, tener arrebatos de coraje extremo, actuar como si tuviese menor edad (por ejemplo, comportamiento de apego o chuparse el dedo), etc.

Los expertos de todo el mundo recomiendan ante estos síntomas la consulta inmediata con un profesional (psicólogo, psiquiatra, pediatra o médico de cabecera): aunque ya haya pasado la época del maltrato, la psicoterapia individual le permitirá hablar de lo que siente, teme, imagina..., y también podrá expresarse mediante dibujos, juegos, o escribir sobre el evento que todavía le causa temor.

Los niños de cinco a siete años pueden mostrar inicialmente un comportamiento agitado o confuso. Incluso si tienen ocho o nueve años pueden, además, mostrar un miedo intenso, desamparo, o negación. No obstante, sea cual sea la edad, los que experimentan traumas repetidamente pueden desarrollar tanta dureza emocional para amortiguar o bloquear el dolor y el trauma que se muestran apáticos. Los niños con estrés postraumático eluden las situaciones y los sitios que les recuerdan el trauma. Ellos pueden también volverse menos sensibles emocionalmente, más retraídos e indiferentes a sus sentimientos.

CUANDO LA VÍCTIMA TIENE IDEAS SUICIDAS

Cada año se habla de cifras alarmantes en lo que se refiere a suicidios de niños, preadolescentes y adolescentes en países como Alemania, Japón o Estados Unidos. El estrés, la confusión sobre sí mismos, la presión para ser los mejores, la incertidumbre sobre el futuro, entre otras causas, producen demasiado dolor en sus vidas. Algunos de los síntomas de las tendencias suicidas son similares a los de la depresión: por ejemplo, quejarse o confesar que uno es una mala persona o sentirse «abominable», lanzar indirectas como «no seguiré dándoles problemas», «para qué molestarse» o «no te veré más»; también si ponen en orden sus asuntos, dejando todo organizado para cuando él o ella no estén, como regalar sus posesiones favoritas, tirar cosas importantes... Pero, más allá de que esto se dé o no, si un alumno o su propio hijo dice «yo me quiero matar» o «yo me voy a suicidar», tómeselo en serio y llévelo a un psiquiatra, o al pediatra, o al médico de familia.

Qué debe hacer la víctima en el momento en que el *bully* arremete

Los niños y adolescentes que han sido víctimas de un compañero de colegio, sistemáticamente y durante un período de tiempo prolongado, crecen con el autoestima baja y con muchos problemas. Es importante que quienes son colocados en la posición de víctima sepan qué hacer «en ese momento».

Dígale: si estás ahí y un *bully* empieza a molestarte, éstas son algunas de las cosas que puedes hacer:

- Ignórale.
- Haz como que no le has oído.
- No le mires. Si puedes, camina y pasa a su lado sin mirarle.
- No llores, ni te enojes, ni muestres que te afecta. El *bully* desea que tú reacciones mal, no le des lo que busca. Eso no significa que no te sientas verdaderamente herido, pero no dejes que se te note. Más tarde podrás escribir sobre tus reacciones, en tu casa o en otro sitio donde él no esté.
- Responde al *bully* con tranquilidad y firmeza. Di, por ejemplo: «¡No!, no soy lo que tú piensas».
- Si puedes, convierte alguno de sus comentarios en un chiste. Por ejemplo, el *bully* dice: «¡Qué ropa tan ridícula llevas!»; tú puedes responderle: «¡Gracias! Me alegra que te hayas dado cuenta».
- Corre si es necesario. Alejarse de la situación no es de cobardes. El *bully* es el cobarde, y quienes lo secundan también. Tú no eres el del problema, el que tiene problemas es él. Busca un sitio donde haya un adulto y quédate allí.
- Si te molesta un *bully* habla con un adulto. Eso no es «acusar». Es pedir ayuda cuando de verdad la necesitas.

CONSEJOS PARA LOS PADRES

Si su hijo no quiere ir al colegio porque es acosado por un *bully* es porque sabe que no puede enfrentar la situación; por lo tanto, no lo obligue. Pida a un trabajador social que lo acompañe o consiga un mediador para que inste al colegio a tomar medidas. Si va a presentar el problema al colegio, sepa que va a hacer visible un problema que hasta ahora era invisible, así que prepárese, intentando primero encontrar otras víctimas, con lo que tendrá que hablar con otros padres. Puede sorprenderse al descubrir que los padres han silenciado a sus hijos creyendo que de ese modo se acabarían los problemas, y cuántos de los alumnos que habían sido cambiados de colegio argumentando otras causas en realidad eran cambiados de colegio para alejarse del *bully*.

A veces, no es posible encontrar otras víctimas directas, pero sí a otros niños que presencian la intimidación y que en verdad lo viven como una experiencia angustiosa, lo que puede permitirle a alguno de ellos actuar con cierta responsabilidad. De hecho, los sentimientos de confusión y culpa que algunos de ellos experimentan y el temor a convertirse en el próximo blanco pueden llevarles a apoyar a la víctima, si ésta tiene a su lado a un adulto sólido. Si su hijo tiene también problemas con el *bully* fuera del colegio, por ejemplo en el autobús, no hable de ello de inmediato, espere a juntar las firmas que necesita, ya que es probable que el centro no se considere responsable de lo que ocurre en los transportes escolares que llevan y traen a los niños. Lo primero es intentar escribir en forma de diario las cosas tal como sucedieron, especificando la fecha, qué ocurrió, quiénes estaban presentes, en qué lugar... Después puede enviar un *buro-fax*[31] a la escuela o instituto explicando brevemente lo que ocurre y pidiendo que se tomen medidas, entonces usted podrá añadir un apartado en el que, además, pedirá al colegio que el niño molesto sea controlado y, de ser necesario, que sea «especialmente controlado» durante el viaje en autobús. Exija recibir una contestación en menos de cuarenta y ocho horas. Si el colegio no contesta, distribuya copias de lo que usted envió a otros padres. Ciertamente usted siempre puede cambiar a su hijo de colegio, pero, a menos que usted vea que el colegio «pasa» de usted, tal vez le esté dando una lección a su hijo de cómo huir de los problemas. Si el colegio realmente no

---

31. El *buro-fax* tiene un valor jurídico porque constituye una prueba sobre qué se ha escrito y quién lo ha recibido.

le hace caso, entonces sí, a veces es mejor enfrentarse o denunciar a la escuela por no tomar medidas ante la inspección escolar. (Mientras escribo este libro conozco a un padre que ha acudido a los medios de comunicación para explicar los episodios de *bullying* que ocurrían en una escuela pública de Barcelona. Él no podía —ni quería— cambiar a su hijo de colegio, así que prefirió hacer algo más contundente para que la escuela se responsabilizara. Al iniciarse el curso en septiembre de 2003 ya había otro director que sí tomó cartas en el asunto...)

CONSEJOS PARA LOS PROFESORES

Hay muchas cosas que los profesores pueden hacer para ayudar a la víctima, tanto para que recupere su autoestima como sus habilidades para relacionarse. Por ejemplo, haciéndole ver que no tiene por qué avergonzarse de ser diferente. Se le puede preguntar por ejemplo: «¿Querrías ser como él?» (refiriéndose al *bully*).

Por otra parte, hay que inculcarle a la víctima que tampoco se avergüence de una enfermedad ni de una discapacidad, porque cuanto antes se sienta bien con ellas, antes los demás lo respetarán. Otro modo de ayudarle es intentando que no esté en grupos que apoyan al *bully* ni que se mueva por donde está él. Se le puede explicar que si no tiene verdaderos amigos, trate de hacer nuevos participando en actividades que el profesor le puede proponer. También es importante que se le explique al alumno que, mientras el problema no se solucione, intente estar en las áreas del colegio que sean seguras, durante los recreos y en los horarios de la comida, y en lugares donde haya mucha gente.

Si el niño o el adolescente no se atreven a contar lo que el *bully* le hace, se le puede pedir que lo escriba, asegurándole la mayor confidencialidad, pero además:

- Ínstelo a que se lo diga a sus padres. Recuérdele que, si es lastimado, se trata de un delito grave.
- Si va a su casa solo, pídale que varíe las rutas, o permítale que vaya al colegio un poco más temprano o más tarde.
- Si es molestado en el autobús, hable con el conductor para que se siente cerca de él. Pida a un profesor o a un monitor que lo acompañe del autobús a clase.
- Explíquele que no es conveniente que lleve objetos valiosos ni dinero a la escuela.
- Pídale que actúe con confianza, porque tiene su apoyo.
- Sugiérale que a veces da buenos resultados ensayar con tiempo las respuestas y reacciones frente al espejo. Usted como profesor sabe que, a veces, la víctima hace las paces con el *bully* y entonces otro *bully* ocupa el lugar vacante, así que no le vendrá mal ensayar para no ser pillado desprevenido. Fundamentalmente porque los *bully* son especialistas en interpretar las señales no verbales de sus víctimas para hacerle creer que merece ser maltratada. Enséñele a repetirse mentalmente: «Yo soy yo, una gran persona que merece respeto y amabilidad de los demás».
- Trate el tema del maltrato en clase. Hágales ver a sus alumnos que los observadores no son exactamente «inocentes». Que los que callan bien pueden decirle al *bully*: «¡Ya basta!», o «¿Te gustaría que alguien te hiciera lo mismo?»; también pueden ofrecerse a acompañar a la víctima a hablar con sus padres, o también algún testigo puede tanto ofrecerse a hablar con algún adulto en su nombre como involucrar al director.

Lo que todo adulto debería saber sobre la agresividad infantil y adolescente

capítulo **cuatro**

> No existe ni un solo ser viviente capaz de defenderse [...] que no disponga de sistemas —completamente definidos— de inhibiciones, esquemas innatos y desencadenantes que le impidan matar a un congénere.
>
> *Consideraciones sobre las conductas animal y humana*
> KONRAD LORENZ

Hay niños que demuestran un exceso de agresividad en la etapa de preescolar. También hay padres y maestros que, por diversas creencias, no parecen dispuestos a trazar un plan conjunto para que los pequeños mejoren su conducta. Se creen sus propios argumentos para no hacer nada, así que en lugar de actuar los disculpan con un «aún no saben actuar de otro modo», o «lo trae en los genes, se parece a su padre, a su abuelo, etc.» Mientras tanto, mientras se sigue sin detectar qué factores emocionales o socioculturales están influyendo en las conductas agresivas de estos niños, ellos no dejan de serlo, y llegan a la pubertad y a la adolescencia —sin que la herencia tenga mucho que ver— comportándose de un modo violento.

Manuela tiene nueve años. Desde que entró al colegio —con tan sólo tres— muerde, pellizca y golpea a otros niños. Ahora, en tercer grado, casi todos sus compañeros evitan jugar con ella y pasa los recreos con una consola en un rincón del patio. Manuela ha empezado a estar más desatenta en las clases y pendiente de lo que hacen sus compañeros, a quienes molesta para llamar su atención.

En un estudio llevado a cabo por la Universidad de Alicante[32] en el que se detectaron ocho factores que promovían la violencia escolar, la falta de disciplina en el hogar obtuvo un 62 por ciento, lo que ha llevado a pensar que el hogar es, por un amplio margen, el caldo de cultivo principal, el lugar donde se gestan y empiezan a germinar dichos hábitos. No obstante, le siguieron: imitar comportamientos que ven en la televisión (39 por ciento); acudir a centros sin disciplina (36 por ciento); la influencia de la información violenta recibida del conjunto de los medios de comunicación (31,2 por ciento); a través de los videojuegos (25,1 por ciento); por el estado violento de la sociedad actual (4,3 por ciento); por el consumo de drogas (3,6 por ciento); y, por último, debido a la pérdida de valores (2 por ciento).

Pero la pregunta es: ¿puede creerse en ese 62 por ciento que indica que la falta de disciplina en el hogar sea la causante de la violencia? ¿Hay realmente un 62 por ciento de familias en nuestro país que no se preocupan por la disciplina de sus hijos? ¿No será que ese 62 por ciento se interesan por la disciplina pero usan métodos incorrectos?

Porque si para conseguir disciplina se utilizan más castigos, gritos o palizas, y menos explicaciones, diálogo y pactos, lo que se les está enseñando, lo que se está reforzando, es precisamente la conducta violenta. Una incongruencia que, a menudo, se lleva a cabo por falta de información y que habla de un gran desconocimiento sobre el niño o adolescente agresivo, que no sólo protagoniza constantes fracasos académicos, sino que además tiene una gran dificultad para socializarse y va disminuyendo su capacidad de resistencia a la frustración; es decir, va perdiendo las habilidades sociales que se necesitan para encarar las situaciones frustrantes, así como las estrategias verbales para afrontar el estrés, que se acaba resolviendo con más agresión. Todo esto acompañado de una agresividad general que acabará repercutiendo en su salud.

---

32. *El Mundo*, 27 de abril de 2002, en un artículo firmado por Javier Cabanillas, se habla de una encuesta realizada entre docentes y responsables de centros de distintas ciudades españolas.

¿Por qué un niño agresivo
se convierte en un niño violento?

No hay que olvidar que las conductas agresivas aparecen como reacciones ante situaciones conflictivas. Pero hay que distinguir entre tener una conducta agresiva y mantenerla. Las conductas agresivas se adquieren copiando a un compañero de la misma edad, a uno mayor, a un adulto, a un hermano, o imitando modelos del cine y la televisión. Pronto el niño aprende las «ganancias» de una conducta agresiva. Empieza aquí un proceso de modelación: en la etapa de la primera infancia el niño consigue, entre otras cosas, atención, tener lo que desea, cambiar ciertas normas que debería cumplir, controlar o someter a los demás, incluidos sus padres, alcanzar cierta jerarquía en el grupo, la aprobación de ciertos compañeros, que otros cedan..., por poner unos ejemplos. Estas consecuencias actúan así como reforzadores, es decir, que harán que el niño repita otra vez el mismo tipo de respuesta. Ahora bien, a medida que los refuerzos se repitan, consolidará la conducta. También existen otros factores que actúan como mantenimiento del comportamiento agresivo en niños, como son:

- Las relaciones deterioradas entre los propios padres, que le provocan tanta tensión que pueden inducir al niño a comportarse de forma agresiva. Por ejemplo, cuando la relación deteriorada de la pareja lleva a los padres a que manifiesten rechazo por los hijos.
- El ambiente del barrio, si fomenta la agresividad porque se considera un atributo importante y donde se les inculca a los niños desde muy pequeños «defiéndete, pega, no seas un cobarde».
- La incongruencia de los padres, que desaprueban una conducta castigándola con su propia agresión física o amenazante hacia el niño.
- Padres poco exigentes que tengan límites tan flexibles como para permitirle al niño hacer lo que quiera.
- Incongruencia al aceptar a veces una conducta, pero castigándola otras.

- Los casos en que uno de los padres regaña mientras el otro no lo hace.
- Incongruencia relacionada con lo que es bueno para él unas veces y otras no lo es.
- Estar inmerso en un clima de violencia en el hogar.
- Uso de drogas y/o alcohol.
- Los problemas escolares, presión en los estudios, o exámenes.
- Castigos físicos y/o emocionales.

Las variables de la agresividad en la infancia, la pubertad y la adolescencia

La edad escolar es un período que abarca de los seis a los dieciséis años. Durante estos años, la visión del niño es diferente de la que tendrá cuando llegue a la pubertad o cuando sea adolescente. Se trata de cambios que afectan a sus relaciones sociales, a su personalidad y a su modo de entender lo que acontece alrededor. La escuela y el instituto adquieren un papel fundamental en el desarrollo del autoconcepto y de la autoestima de los alumnos, debido a que se le exigen habilidades y destrezas. Durante este largo período es importante para el niño sentir, además, que es aceptado y valorado por sus compañeros y por los docentes, pero también necesita sentirlo de los padres, lo que le dará seguridad en sí mismo no sólo para lo académico, sino también para aceptar otros puntos de vista, negociar, compartir, cooperar, imitar y/o competir.

Emociones, conducta social y agresividad en la infancia

La agresividad es una reacción violenta que puede observarse en la mayoría de los niños. Algunos padres incluso pueden experimentar cómo los más pequeños arremeten contra ellos o contra otros integrantes de la familia cuando están contrariados. Ira, empujones, mordeduras, patadas, peleas... A partir de los seis o siete años, la agresividad se manifiesta más mediante insultos verbales y acusaciones, lo que significa que, a medida que el niño crece, la conducta agresiva es menos frecuente: es la época en la que empieza el control. No obstante, entre los dos y los cinco años —también cuando son mayores— los comportamientos agresivos pueden aparecer si se les contradice o algo no sale como ellos quieren. En este sentido, el estrés que un niño vive en su hogar es determinante y la primera manifestación se produce en su conducta. Si un niño de cuatro o cinco años da puñetazos al suelo cuando se le cae la torre que ha armado, si le pega a su hermano cuando se enfada, o si tira con rabia el plato de comida cuando su madre le dice que coja bien la cuchara, es evidente que la caída de la torre, el enfado o la observación las ha vivido como una amenaza. También es evidente que no tiene estrategias saludables para defenderse: no se trata de un juego, de simples arrebatos de agresividad característicos de la infancia, ni de conseguir un juguete o discutir por discutir.

La mayoría de los padres saben cuándo el niño se pone agresivo y no está jugando, cuándo la agresividad supone un intento de controlar la situación o una señal de protesta. La agresividad también puede manifestarse rompiendo juguetes, papeles, cuadernos, estropeando sus dibujos, cuando no son observados, rayando los muebles, con berrinches, negativas permanentes... Si los padres o los profesores se enfadan, la agresividad de los niños suele ser más violenta. De ahí que castigar al niño durante la crisis equivalga a no resolver nada. Lo correcto es averiguar la causa de su excitación y tratar de apartarlo momentáneamente de lo que le estresa. Pero ¿qué ocurre cuando una de las causas principales de este trastorno se debe a que los niños se desarrollan en un ambiente de violencia? Que, al no disminuir los estresores, se convierten en un estado cotidiano, y la agresividad es una forma de autodefensa.

Son niños etiquetados de crueles por los demás, niños que aparentan sentir placer al ser agresivos porque comportarse de un modo violento les hace sentirse seguros. Se trata de niños que, además, reciben muy poco afecto y provocan una gran sensación de desconfianza en otros adultos que no son de su familia. Por otra parte, no hay que confundir a los niños irritables con la agresividad de un niño indisciplinado. Los primeros no hacen daño a otros niños y generalmente se enfadan cuando se le priva de algo que desean: manifiestan cambios de humor y no controlan sus nervios ni sus emociones. Los niños indisciplinados se comportan de un modo agresivo porque en el hogar se les permite todo y en la escuela no, porque han sido maltratados, o bien porque se les quiere educar con un rigor excesivo y producen en ellos el efecto contrario.

EL CASTIGO ES CONTRAPRODUCENTE

Castigar y golpear a un niño pequeño hará que se vuelva más agresivo y que, por momentos, se encierre en sí mismo. No es difícil saber cuándo un niño está siendo castigado a menudo. Ellos huyen, adoptan una actitud más agresiva en un primer momento o más defensiva, pero siempre con un trasfondo de miedo. A veces los niños pequeños acompañan estos comportamientos de temor con dificultades en la alimentación o problemas para dormirse, dolores de barriga, vómitos, problemas respiratorios... Por todo ello, es importante para mejorar el comportamiento de estos niños tratarlos con respeto, pero con firmeza, para que ven cuán tranquilos se pueden sentir si saben que no sufrirán ningún daño, pero que ello no implica que vayan a hacer lo que les dé la gana. Es importante tener en cuenta que a todos los niños les cuesta mucho frenar los impulsos y que, cuando hacen su voluntad, lo único que están poniendo a prueba es hasta dónde es capaz el adulto de mantener ciertos límites que les ayudan a sentirse seguros. Si esos límites vienen acompañados de críticas sobre su persona, amenazas, burlas, castigos severos o manipulaciones de algún tipo, lo único que se logra es que actúen correctamente por miedo o para no ser avergonzados.

Mientras conquistan su autonomía, especialmente a los dos años, a los cuatro, a los seis y a los diez, edades en las que hacen uso de su independencia de un modo anárquico a fin de cortar un poco más el cordón que los une a su madre, es natural que busquen formas de transgredir ciertas reglas. Por eso se debe:

- No halagar ni denigrar. Ambas actitudes minan la autoestima de los niños.
- Evitar comparaciones con hermanos o con cualquier otro niño.
- No utilizar nombres peyorativos y grotescos que connoten burla.
- No juzgar ni etiquetar conductas respecto de su comportamiento: se le puede decir que ha sido desagradable, o inaceptable, pero nunca que él o ella han sido malos. Personalizar es una forma de maltratar.

Emociones, conducta social y agresividad en la pubertad

La pubertad y la adolescencia son etapas especialmente conflictivas. En la pubertad el niño debe enfrentarse con exigencias provenientes de sus nuevas emociones y percepciones, por ejemplo, sobre su sexualidad, y del exterior, debido a que tiene otras responsabilidades. Los cambios físicos que se producen en la pubertad son los responsables de la aparición del instinto sexual.

En esta etapa el joven se hace eco de numerosos tabúes sociales, lo que le lleva a excluir ciertas compañías, y a compararse y juzgarse, sin dejar de averiguar qué piensan los demás de él. El espejo se convierte en un aliado, debido a que la imagen que tienen de sí mismos cambia. El cuerpo de la infancia desaparece poco a poco, también las imágenes de los padres idealizadas en la infancia, y el rol de niño pequeño. Todo ello lleva a los chicos y las chicas en la pubertad a tener más sentimientos ambivalentes. Porque en la pubertad el niño aprende a considerar y a tomar en cuenta lo que la sociedad espera de él. Para ello, entremezcla sus propias expectativas con la imagen que hasta ese momento tiene de sí mismo. Sabe que es capaz de hacer más cosas, tiene más responsabilidades y regula su conducta no sólo para conseguir lo que necesita y desea, sino también para satisfacer las necesidades y deseos de otras personas.

Cuando estos cambios son vividos con dificultad, por desequilibrios internos o externos, tanto los chicos como las chicas buscarán todavía el apoyo en los padres, pero también en amigos y amigas, o en otras personas de su edad con quienes compartan actividades físicas o intelectuales. Para decirlo de otro modo, en esta etapa hay dos pérdidas importantes que el joven tendrá que superar: la pérdida del cuerpo infantil y la de los padres de la infancia, y ello provoca no sólo una identidad fluctuante sino una gran confusión.

Algunos a estas edades usan la droga para paliar esa sensación de vacío que perciben y para encontrar en su interior un sentimiento de pertenencia, al menos en un grupo. Otros se adhieren a grupos para encender fuegos o llevar a cabo actos vandálicos, o bien tienen sus primeras experiencias con el alcohol y el tabaco. Varias investigaciones mencionan que en la edad escolar el rendimiento académico es una variable que influye en las dimensiones del autoconcepto del niño como estudiante, como amigo y como hijo, ya que el rendimiento escolar está sujeto a la influencia de las etiquetas y expectativas impuestas por la familia (autoconcepto como hijo). Asimismo, es común que en la escuela se emitan juicios del rendimiento que influyen en la percepción subjetiva que el alumno se forma de sí mismo.

Emociones, conducta social y agresividad en la adolescencia

Muchos adolescentes experimentan casi simultáneamente sentimientos contrarios. Por ejemplo, tristeza y alegría, amor y odio... En esta etapa, en que suele aparecer el primer amor, algunos chicos y chicas fantasean con escapar de casa, con tener una vida diferente de la que tienen. Pero la tan comentada fantasía adolescente tiene además otra función, que es la de tolerar la frustración que les provoca la incertidumbre de no saber qué les va a ocurrir dentro de una hora o dentro de una semana, más aún cuando la sociedad les pide que se comporten como adultos. Por esta razón no es de extrañar que los adolescentes tengan mecanismos regresivos, como enroscarse el pelo, chuparse el dedo o vivir con un chupa-chups permanentemente en la boca. También las identificaciones se vuelven muy fuertes. Ellos y ellas a menudo hablan, gesticulan, caminan y se peinan como el cantante, deportista, actor o modelo de turno. También se construyen una identidad sexual, por influencia de los cambios hormonales y psicológicos y por un modo de pensar.

¿Y qué ocurre con la agresividad en esta etapa? En primer lugar, los adultos deben ser conscientes de que los adolescentes no sólo muestran un alto nivel de estrés emocional debido a las relaciones con sus iguales. Así lo demostraron, entre otros, los estudios llevados a cabo por Margaret Mead[33] en los que asegura que «no sólo nuestros adolescentes chocan con una serie de grupos defensores de formas distintas que se excluyen mutuamente, sino que se les presenta un problema mucho más intrincado. [...] Se encontrará que las ideas que presenta cualquier grupo contienen numerosas contradicciones. Por lo tanto, aunque la joven se haya adherido calurosamente a un grupo, aceptando de buena fe que las aseveraciones de que sólo ellos tienen razón [...], sus congojas no han terminado». Para la brillante antropóloga la lucha interior de la joven estará también en su interior, al darse cuenta de que lo que piensa su padre no tiene nada que ver con lo que pensaba su abuelo y lo que piensa ella.

Las complicaciones derivadas de las dudas internas de un chico o de una chica podrán expresarse a través de una problemática vinculada con el estudio, o mediante conductas antisociales o toxicomanías. La aparición de tensiones se agrava cuando no sabe cómo actuar. Por esta razón es importante que tanto padres como profesores promuevan actividades de participación, tratando siempre de fomentar relaciones positivas de naturaleza física o intelectuales y otras más competitivas donde prevalezcan los juegos de equipo.

---

33. Margaret Mead, *Adolescencia, sexo y cultura en Samoa*, Planeta-De Agostini, Barcelona, 1985, p. 192 y ss.

ESTRÉS Y AGRESIVIDAD EN EL PERÍODO ESCOLAR

Hoy la mayoría de los padres sabe que tanto los niños como los adolescentes padecen estrés antes de los exámenes, en el primer día de clase, a causa de las relaciones que mantienen con sus compañeros o profesores, etc.

En lo que al *bullying* se refiere, el estrés y la agresividad que de él derivan juegan un papel importante en las causas y el mantenimiento de problemas emocionales, en la salud física, las relaciones sociales y los bajos niveles de estudio en los alumnos. Ésta es la razón por la que los niños y adolescentes que viven en un estado permanente de estrés llega un momento en que ya no pueden hacer frente a los estímulos que se lo provocan, y entonces ya no controlan lo que sucede. Obviamente, hay niños y adolescentes que, ante el estrés, no responden agresivamente y optan por el aislamiento como una búsqueda de adaptación, pero ello no es garantía de que no «exploten» más tarde.

No obstante, cuando un niño o un adolescente se protege del estrés mediante la agresividad, usándola como una defensa adaptativa, raramente dejará de utilizarla si con ello puede continuar funcionando ante determinadas situaciones y mantener así un equilibrio psicológico. En otras palabras, desde la infancia hasta la adultez, un niño estresado puede convertirse en un adolescente que ha aprendido a equilibrarse usando la agresividad como mecanismo de defensa. Pero esta agresividad como compensación tampoco es usada de igual modo en los chicos que en las chicas. Por ejemplo, los varones tienden a orientar más sus reacciones defensivo-agresivas hacia el exterior, descargando hacia otros sus emociones o culpando a los demás de su propio fracaso. Las niñas pueden orientar su agresividad hacia el interior, se sentirán frustradas, darán a menudo una respuesta *pasivo-agresiva* que se notará en un bajo rendimiento académico, tendencia a postergar sus deberes, etc. Es evidente que en los chicos la respuesta pasivo-agresiva les hará mostrarse poco cooperativos o más despistados...

Las investigaciones llevadas a cabo sobre violencia y género por el sociólogo Erick Pescador, ligadas al «Proyecto Ulises», demuestran sin embargo que en las chicas hay un crecimiento de la agresividad y mayor número de hechos violentos como imitación del modelo masculino. Y lo hacen para conseguir prestigio, respeto de sus iguales, para llamar la atención, por reforzar una identidad no definida...

Veinte ideas para reeducar al *bully*

Hace varios días, cuando me entrevisté en un barrio de Figueres con la madre de una niña de nueve años de edad que se comportaba como un *bully*, ella me dijo que su hija era muy «mala» y que ningún profesor había podido cambiar su «actitud». Le pregunté cómo le enseñaba ella a ser disciplinada. La madre sonrió y señaló sus zapatillas: «Éste es mi método —dijo—, y ella sabe que lo uso cada vez que me mandan llamar de la escuela. Mi madre lo hizo conmigo y yo lo haré con ella si no se corrige». Lo doloroso era que, según un informe de la escuela, la hija tenía un problema de hiperactividad y, según la maestra, era la más golpeada en su casa de todas las niñas.

Resulta inquietante comprobar cuántos padres crían a sus hijos mediante golpes y aseguran que ese método funciona porque ellos los recibieron de pequeños y «hoy en día son buenas personas». Lamentablemente, se trata de un sistema educativo peligroso, de creencias negativas que alguien tiene que ayudarles a reaprender. Los niños golpeados, que tal vez en el futuro serán *bullies,* se muestran irritables e insensibles al dolor porque están paralizados interiormente. Porque los golpes sólo frenan una conducta en el momento, pero a largo plazo los convierten en niños que atacan a otros.

A continuación presentamos veinte ideas, que no son sólo tácticas y estrategias anti-agresividad y anti-*bullying*, sino modos de educar con responsabilidad a medio y largo plazo:

1. Comprometa al niño o al adolescente en un «proyecto de modificación de conducta», que es un escrito entre padres e hijo o entre profesor y alumno en el que se indica qué conductas no podrá llevar a cabo en las próximas situaciones conflictivas. Asimismo se indica qué coste tendrá la emisión de la conducta agresiva. El contrato deberá ser revisado cada cierto tiempo. Las edades en las que el «contrato» da mejores resultados es entre los ocho y los catorce años.

2. No le diga lo primero que le viene a la mente. Piense que usted es para él un modelo de conducta por lo que hace y no por lo que dice.

3. En lugar de decir a todo «no» o «lo haces todo mal», oriente, dé alternativas, haga propuestas.

4. Evite moralizar y dé a cambio votos de confianza.

5. Si su hijo o su alumno se muestra agresivo, no siga su juego. Córtelo apartándose o apartándolo, para evitar que obtenga algún tipo de refuerzo de esa situación. Los tiempos han de ser cortos y siempre dependiendo de la edad del niño. El máximo sería de 15 minutos para niños de doce años. El coste de respuesta consiste en retirar algún reforzador positivo contingentemente a la emisión de la conducta agresiva. Puede consistir en pérdida de privilegios, como no ver la televisión.

6. Muéstrele a su hijo otras vías para solucionar los conflictos: el razonamiento, el diálogo, el establecimiento de unas normas. Si los niños ven que los adultos tratan de resolver los problemas de modo no agresivo, y con ello se obtienen unas consecuencias agradables, podrán imitar esta forma de actuar. Para vosotros, papás, entrenar el autocontrol con ayuda de la relajación.

7. Recompense a su hijo cuando éste lleve a cabo un juego cooperativo y asertivo.

8. No reproche con los consabidos «yo te lo dije» o «sabía que te pasaría tal cosa»...

9. No traiga a colación errores del pasado.

10. Mantenga un contacto visual constante pero no inquisitivo.

11. Utilice un tono de voz suave pero no con fines sarcásticos.

12. Si usted está enojado, no lo oculte, dígalo sin violencia.

13. Ofrezca opiniones en lugar de órdenes.

14. No se deje llevar por sus impulsos. Respire profundamente antes de actuar.

15. Evite ser demasiado exigente o muy sobreprotector a la hora de ponerse firme cuando una conducta le desagrade.

16. No grite ni demuestre violencia en sus actitudes.

17. Háblele sólo de lo que ha hecho, no de cómo es como persona.

18. No intente demostrarle que sabe más que él, que usted es el padre o la madre y que no le debe ninguna explicación.

19. Escúchelo con atención, como lo hace con un adulto del que le interesa aprender algo o saber realmente qué le pasa.

20. No le interrumpa cuando empiece a hablar, especialmente si se trata de un adolescente.

Cómo limitar los estímulos negativos

Cuando se trata de limitar los estímulos negativos es necesario referirnos al ambiente social en el que se mueve el niño, el púber o el adolescente. Los estímulos negativos no se hallan únicamente en ambientes sociales marginales: pueden estar en cualquier ambiente.

Cuando son pequeños, los hijos que son abandonados a manos de cuidadores que cambian permanentemente pueden estar recibiendo estímulos negativos. También cuando pasan muchas horas frente al televisor... Por ejemplo, para algunos niños el cambio constante de canguro puede hacer que se sientan tan desorientados y solos que responderán con agresividad a cualquier interacción nueva con otra persona. Del mismo modo, los hijos que son usados como monedas de cambio en el divorcio de sus padres para satisfacer algún tipo de demandas de las partes implicadas pueden sentirse muy estresados, y más aún si participan de los problemas de los adultos, sobre cuestiones relacionadas con el dinero, la sexualidad, o la infidelidad de alguna de las partes. De todo esto se deduce que la mejor solución es que el hijo viva en su mundo y no en el de los padres.

También es importante vigilar con qué clase de amigos se relaciona, qué hábitos tiene y —¿por qué no?— a veces hasta es una buena opción invitarles a casa para conocerlos un poco más. Si pertenecen a grupos donde cualquier conflicto se arregla demostrando el poder y la fuerza física, hay que tener cuidado. Aunque a veces no hace falta que el hijo pertenezca a ningún grupo, porque ya tiene profesor en casa. Son los padres que dicen: «Yo no dejo que a mi hijo le pegue nadie más que yo. Si a él le dan, que dé, pero en el momento, que no espere y se quedé ahí como un tonto cuando ya ha pasado una hora. No quiero que lo tomen por tonto».

Estos estímulos son negativos porque apelan a la violencia, pero hay otros que estresan porque no dan al chico o a la chica el espacio que necesita. Por ejemplo, tener un lugar para estudiar sin televisión, consola o radio encendidas. Ellos necesitan tener habilitado un espacio para las tareas, como una mesa en su habitación o en un lugar donde no vaya y venga todo el mundo, donde no esté en medio del bullicio de la casa. Permítale que allí coloque lo que necesite. Intente establecer desde que son pequeños una rutina de dos horas cada día. Por ejemplo, de seis a ocho de la tarde (si no realiza ninguna actividad extraescolar), e insista para que haga primero la tarea que le resulte más difícil. Tampoco se desentienda de tomarle la lección o de pedir una tutoría si el niño tiene problemas en un área determinada. A partir de los nueve años no es una mala opción que se reúna esporádicamente con el grupo para estudiar o preparar trabajos prácticos.

CONSEJOS PARA LOS PADRES

Si su hijo es agresivo, seguramente no tenga una buena aceptación en el grupo. También se debe de sentir mal consigo mismo. Éstas son dos buenas razones para ayudarle. Si su hijo es pequeño, no es perjudicial que se muestre un poco belicoso cuando se trata de defender su territorio o de hacer valer sus deseos;

no obstante, cuando la agresividad pasa ciertos límites y hace daño a otros (o a él mismo), hay que intervenir.

Para un niño pequeño no es saludable que sus primeras relaciones sean tan complicadas y, como se ha explicado, la conducta agresiva es una conducta aprendida, por lo que puede modificarse. Para ello hay que tener mucha paciencia y perseverancia:

1. Empiece por averiguar la frecuencia, duración e intensidad de las agresiones de su hijo.

2. Después averigüe cómo ha interpretado los gestos o las palabras de la persona contra la que ejerció violencia. Haga preguntas abiertas para averiguarlo, del tipo: «¿Qué crees que iba a hacer la otra persona?», «¿qué te molestó?», «¿te dio miedo?», etc.

3. Cuando ya tenga claro lo anterior, decida cómo desea modificar la conducta agresiva de su hijo. Si no sabe cómo hacerlo, concierte una cita con la psicóloga del centro o con el gabinete psicopedagógico, con una asistente social, con el pediatra, psicólogo, o con el médico de la familia. Por ejemplo, si su hijo se muestra agresivo cuando hay mucha gente en casa. Anote las veces que se repite esa conducta.

4. Escriba lo que usted puede hacer, como reducir el contacto del niño con los modelos agresivos, suministrar modelos de conducta no agresiva, reducir los estímulos que provocan la conducta. Enseñe al niño cómo permanecer en calma ante una situación similar.

5. En cualquier caso, persiga sus objetivos sin desmoronarse si su hijo regresa en algún momento a comportamientos negativos.

6. Junto con las conductas que usted se ha propuesto conseguir para eliminar paulatinamente las conductas agresivas, haga una lista de qué conductas positivas piensa reforzar: aquellas que tengan que ver con el control de la agresividad.

CONSEJOS PARA LOS PROFESORES

Los profesores no deben intentar que un niño agresivo llegue a transformarse en un niño pasivo. No se trata de eso. Tener esos objetivos habla de la inexperiencia del docente. De lo que se trata es de que el niño o el adolescente en cuestión sepa respetar a los demás porque aprecia ser respetado, sepa dialogar para llegar a acuerdos, sepa buscar nuevas soluciones para resolver conflictos comunes donde todos salgan beneficiados, que luche por sus ideales...

Cuando los niños tienen entre tres y once años, ignorar al agresor y reforzar a la víctima suele frenar la agresividad, pero sólo si el que agrede no lo hace porque se siente de algún modo abandonado. De lo contrario, querrá llamar más la atención y es probable que lleve a cabo otras actitudes más audaces. Otra estrategia antiagresividad es apartar al agresor: sólo se puede aplicar en niños entre cuatro y once años, y consiste en apartar al alumno del lugar donde ha llevado a cabo la agresión y así no recibe ningún tipo de reforzamientos. El sitio al que el niño es apartado debe ser seguro, sin salir de la clase, pero debe ser un lugar aburrido. A los más pequeños se les puede decir que van a jugar al aburrido.

Cuando se trata de preadolescentes y adolescentes da buenos resultados enseñarles a que aprendan a preguntarse a sí mismos por qué lo hacen y a darse instrucciones silenciosas para controlarla. Por ejemplo, un chico que puede decirse a sí mismo «contrólate» o «no es necesario que llegues a esto, Julio», irá aprendiendo estrategias de autocontrol que sin duda le serán beneficiosas, pero habrá que ignorarlas hasta que las demandas de independencia tiendan a disminuir. Si además le prestamos atención verdadera cuando se porta bien, cuando escucha y coopera, tenderá a buscar conductas más aceptables.

Por último, es importante hablar con los padres y promover sanciones cuando no se cumplen las normas, que supongan la pérdida de ciertos privilegios o tener que realizar tareas como escribir una reflexión sobre lo que ha ocurrido y cómo ha repercutido una determinada actitud o comportamiento sobre el resto de las personas. No obstante, no existe un proyecto claro aplicable a todos los estudiantes. Fundamentalmente porque estrategias como las mencionadas dan menos resultados en estudiantes entre catorce a diecisiete años. Con ellos, los educadores y mediadores prefieren enseñarles a manejar los enfados y la rabia, enseñarles a reflexionar antes de actuar, a establecer prioridades, y a desarrollar planteamientos basados en el bien común. También a ampliar la comprensión de sí mismo, de sus reacciones, de cómo es su rol de amigo, de hijo, de alumno, de compañero de equipo, y cómo la relación con «el otro» varía según el papel que desempeña. Estos razonamientos le sirven principalmente para comprender mejor sus estados emocionales y aprender a definir dónde tiene problemas y dónde no.

<table>
<tr><td>capítulo
cinco</td><td># La violencia
y la era de la imagen</td></tr>
</table>

> La imagen como signo, como elemento de un sistema de comunicación, tiene un *valor impresivo* considerable. [...] Se ha de ser muy prudente: como signo la imagen conlleva una debilidad, digamos una dificultad muy grande, que reside en su carácter polisémico. Una imagen *irradia* sentidos diferentes, y no siempre sabemos cómo dominar esos sentidos.
>
> *La torre Eiffel*
> ROLAND BARTHES

El 43 por ciento de los niños en Suecia creen que la mayoría de los adultos mueren por un disparo.[34] En 1993 la película *Chucky, el muñeco diabólico* inspiró en el Reino Unido a dos niños de diez años para cometer un asesinato. La víctima fue un niño de tan sólo dos. Hace tres años, un artículo periodístico aparecido en el periódico *El Mundo*[35] denunció la influencia de la televisión en los comportamientos infantiles. Según el artículo, un documento editado por la Asociación de Telespectadores y Radioyentes (ATR) sobre la influencia de la televisión en niños y jóvenes había llegado a conclusiones espeluznantes: entre ellas, por ejemplo, la de que el 95 por ciento de la programación televisiva tenía contenidos violentos. Además, advertía

---

34. Referencia nota 33.

35. *El Mundo*, viernes 30 de marzo de 2001: se hace referencia a unas jornadas en las que se alertó sobre las consecuencias de que los menores pasen tanto tiempo delante del televisor, en concreto más de tres horas y media diarias, e incluso cuatro durante el fin de semana. Ese mismo informe ha sacado a la luz una muestra de la influencia que los medios poseen sobre los menores.

el documento, se detectaba un alto grado de violencia incluso en los espacios dirigidos a menores, como era el caso de los dibujos animados. Sin contar que dos de cada cinco anuncios utilizaban niños, a pesar de que la ley prohíbe que los menores aparezcan en la publicidad de un producto que no está dirigido a ellos.

¿Qué ha cambiado desde el suceso de 1993? En el año 2004 tanto niños como adolescentes siguen viendo a través de la televisión, el cine o Internet asesinatos reales y ficticios, muertes en directo durante las noticias, héroes que se convierten en tales sólo por llevar armas. Y todo ello en medio de otro tipo de violencia, la violencia *banalizada,* incluso dulcificada, que no muestra el drama sino «el bien» que se ha logrado al ejercitarla, donde el mensaje resultante es que el dolor de la víctima no importa. Como la que pueden ver en ciertas películas donde la violencia ante «los malos» es considerada *inevitable.*

Todos esos mensajes debilitan la fuerza de la razón frente a la «razón» de la fuerza. Es éste sin duda un asunto sobre el que hay que reflexionar, ya que tanto los niños como los adolescentes carecen de defensas ante estas formas edulcoradas de violencia. Entonces se lleva a cabo una violencia que se vuelve, además, lógica por sus argumentos e, incluso, entretenida... hasta que ellos mismos se vuelven inmunes ante el horror de la violencia. Al fin y al cabo, no hay más que repetir algo hasta el cansancio para dejar de darle la importancia que se merece, para que la sensibilidad emocional del niño y del adolescente disminuya ante sus efectos. De modo que, mientras asimila pasivamente el «producto violencia» en sus diferentes formas, atrás van quedando los procesos de diálogo, debate y reflexión, porque con la violencia se logran las mismas cosas de un modo más rápido. Entonces deja de ser importante que la gente muera violentamente, porque sale en la televisión. Más aún, el primer contacto que realiza un niño de dos o tres años con la muerte es a través de una pantalla. Hoy en día son escasos los dibujos animados que no tienen argumentos sustentados en la violencia. Las víctimas de estos dibujos piden socorro, gritan auxilio, y para los pequeños espectadores es normal, no pasa nada... Sólo quieren ver la siguiente secuencia, sólo están atentos para descubrir cómo se produce la próxima caída de la víctima, la próxima trampa, el próximo golpe...

Imágenes a velocidad de vértigo

El cine, la televisión y los videojuegos dotan a la imagen de una gran velocidad. No hay tiempo para reflexionar sobre lo que se ve, sólo para disfrutar de emociones variadas y aceptar pasivamente, o interactuar, dándole a una tecla para ser más rápido que los personajes virtuales. Este modo de interactuar en el mundo de la imagen no sólo cambia las nociones de tiempo y espacio sino que, ante él, pierde terreno cualquier otra función que no sea la rapidez de respuesta y algo de lógica.

Pero si la imagen se acerca a los niños con sólo apretar un botón, o mediante un doble *click* del ratón, serán los adultos que estén a su cuidado los que deberán controlar cuánto tiempo puede estar un niño frente a una pantalla. Hoy en día la televisión invade la intimidad, está metida en el hogar, en las habitaciones de los niños... Estamos frente a las primera generación de jóvenes «videoformados», cuyas angustias provienen en gran medida de lo que ven en la televisión, en los videojuegos o en el cine y que padecen trastornos relacionados con el sueño, emisiones involuntarias de la orina en la cama... Los contenidos «violentos», los que se refieren a escenas que impliquen destrucción, lesiones, daño físico a personas, animales o cosas, o que muestren aspectos delictivos, no son las únicas formas de violencia que pueden imitar. También la violencia sustentada en el racismo o la xenofobia.

En los últimos tiempos, las guerras y los conflictos religiosos y étnicos han permitido contornear la realidad dándonos una nueva formulación del «nosotros» y de «el otro». La televisión ha permitido que ya no importe si ese otro vive a la vuelta de la esquina o a treinta mil kilómetros. El lado bueno es que cualquiera puede ser solidario si lo desea con personas que lo necesitan al otro lado del planeta. El lado negativo de esta cuestión es que si ese otro que vive a treinta mil kilómetros despierta cierta fobia social, y es comparado justa o injustamente con el de la esquina, será a éste último a quien el niño o el adolescente odie, por lo que ha visto en la pantalla. Qué hacer para educar en la no violencia sin impedir que el chico o la chica vea uno o dos de sus programas predilectos. Sin duda, mientras el niño o el adolescente está frente al televisor, es un «receptor pasivo», porque no puede interactuar ni cambiar nada de lo que ve, no puede contradecir, sólo afirmar, oír y aceptar. Es deber de los adultos promover el diálogo en esos momentos.

Y todo ello sin contar con que los niños y adolescentes que están influidos por la televisión tienen dificultades para concentrarse, están más ansiosos y se irritan con mayor facilidad. Entre los niños más pequeños (hasta los cuatro años) las señales más frecuentes de miedo por algo que han visto en la televisión es el llanto o la necesidad de apegarse más a sus progenitores. Desde los cinco años hasta los once, las manifestaciones más frecuentes por algo que han visto en la tele son la agresión y la rebelión. Los de doce años o más pueden mostrar una conducta más violenta o más arriesgada, generalmente acompañada de un sentimiento de frustración y desamparo. Pero eso no es todo, la televisión les permite asimilar como algo natural infinidad de imágenes que no son ni normales ni comunes en el mundo real. Los niños ven asesinatos en directo con formato de información. Sin lograr ubicar dónde ocurrió o cómo sucedió, muchas familias cenan frente a esas imágenes. Y más alarmante aún: si los cálculos son ciertos, y si un 30 por ciento de los niños, en edades comprendidas entre doce y catorce años, ven la televisión más de treinta horas a la semana, presencian en esos seis años, como poco, unos 6.000 asesinatos. ¿Puede seguir siendo la televisión la principal educadora, mostrando una violencia banalizada?

Del mismo modo, hay que tener en cuenta que los adolescentes que pasan un promedio de cuatro a cinco horas conectados a Internet cuando salen del colegio no están exentos de riesgo porque vean menos televisión... Una gran mayoría de ellos no están sólo frente a la pantalla de un ordenador para hacer trabajos escolares o para comunicarse con amigos de diferentes puntos del planeta. También están para informarse y descubrir sexo, pornografía, drogas, métodos de infligir violencia... Vivimos en un mundo donde la imagen veloz atrapa y la información desborda, donde el tiempo y el espacio se acortan, y el espectador, niño o adolescente, curiosos por naturaleza, en ocasiones no hacen el doble *click* a tiempo... hasta que un día se insensibiliza ante lo que ve.

Excelentes estudios llevados a cabo por Albert Bandura[36] explican además cómo la violencia puede influir en el área cognitiva, conductual y afectiva, ya que los niños pueden aprender conductas agresivas a través de la observación de modelos simbólicos presentados por la pantalla, lo que les hace más proclives a desarrollar una conducta violenta si, además, sus propias características individuales o sociales los impulsan a ello.

CUANDO SE TRATE DE INTERNET

- Navegue junto a su hijo y elija sitios que sean apropiados y divertidos para ellos.
- Invierta en dispositivos para bloquear los programas violentos tanto de Internet como en sus televisores.
- Manténgase firme. No se deje influenciar por argumentos basados en el «todos los demás lo hacen». Si usted no quiere o no lo considera adecuado, no permita que su hijo participe en juegos excesivamente violentos o vea películas inapropiadas.
- Usted tiene el derecho y la responsabilidad de decir: «No me gusta el mensaje que da ese juego. No juegues a eso en nuestra casa». Hágales saber a sus hijos que los comportamientos violentos no están permitidos en su familia. Ni la violencia racial ni la violencia de género. Si usted tiene dificultades serias para establecer límites, póngase en contacto con un profesional para pedir ayuda.
- No sólo hay que mirar alguna vez los programas que el chico o la chica ven, sino decidir si es apropiado para su edad, comprensión y su desarrollo. Entre permanecer a

36. Alberts Bandura, *Aprendizaje social y desarrollo de la personalidad*, Editorial Alianza, Madrid, 1963.

su lado sólo concentrado en la pantalla comiendo palomitas durante más de dos horas y apagar el televisor cuando algo que ve no parezca conveniente para él, optad por lo segundo.

- Es fundamental promover intercambios de opiniones sobre aquello que está viendo, sin que se sienta invadido: tenga en cuenta que si usted ve la televisión con su hijo siempre tiene la posibilidad de demostrarle que lo que está viendo no tiene nada que ver con la realidad, que no se están defendiendo los derechos humanos, o que la gente que él o ella conocen no sobrevivirían a ninguna de esas pruebas —por las que atraviesa alegremente el héroe en cuestión— sin hacerse daño.

- Si su hijo se conecta a Internet, sepa que hay más peligro cuanto menos supervisión haya. Porque tendrá fácil acceso a áreas que no son apropiadas o son abrumadoras, todo tipo de información que fomenta el odio, la violencia y la pornografía, anuncios que bombardearán a su hijo con ideas nocivas, invitación a dar información personal o de su familia a fuentes desconocidas. Así que no dude en limitarle el tiempo y usar sólo líneas seguras. Insista en que, cada vez que se comunica con alguien que sólo aparece en la pantalla, en realidad lo está haciendo con un desconocido. Explíquele que nunca deberá ir a conocer en persona a aquellos con quienes se ha comunicado por Internet, por más que éstos le manden una foto.

Programación infantil
y juvenil basada en la violencia

Las películas de dibujos animados infantiles calificadas como «aptas para todos los públicos» son sumamente violentas. Sólo basta echar un vistazo a las películas infantiles más conocidas y a algunas series de televisión para niños y adolescentes que ven a diario para analizar hasta qué punto la violencia es una parte fundamental del argumento. Asesinatos, golpes, duelos a muerte, manipulación de armas de fuego, violencia psicológica, violencia moral, burlas...

Observemos algunas películas y series de televisión dirigidas a niños y preadolescentes.

En *Dumbo* las elefantas adultas se ríen del pequeño elefante por sus orejas desproporcionadamente grandes. La madre reacciona con violencia y es reprimida, así que Dumbo, después de la violencia psicológica y moral que recibe, es inducido por unos pájaros a que saque partido de sus orejas grandes y aprende a volar, con lo que consigue ser famoso y por lo tanto aceptado. En el *El Rey León*, el rey Mufasa es víctima de su hermano que le hace caer en una trampa. Miles de niños en todo el mundo vieron cómo Mufasa yacía muerto ante los ojos de Simba, su hijo. En *El jorobado de Notre Dame* se ve cómo éste es víctima de la violencia psicológica y moral por ser diferente. En *Tom y Jerry,* la violencia en los dibujos animados tiene fines cómicos, lo que lleva a que, desde pequeños, los niños se vuelvan insensibles ante ella. ¿Es normal pegarle al rival con un martillo en la cabeza, hacer que se caiga y sea aplastado cientos de veces? En *Shin Chan* el niño le dice «mafioso» al director de su colegio, se ríe de sus profesoras, muestra sus genitales cuando se le antoja, interviene en conversaciones de sus padres, opinando y resolviendo casualmente conflictos que no son de su edad.

En *Bola de Dragón* los héroes consiguen su «superfuerza» o sus «superpoderes» mediante la ingestión de alguna sustancia. «En *El equipo A,* los protagonistas —según el informe— violan la ley tantas veces como intervienen en la resolución de algún conflicto; roban, secuestran, humillan, amenazan, engañan, hieren o matan, siempre en defensa de "un fin justo".» En *Rex,* donde el héroe es aparentemente un perro policía, los chicos de doce años pueden aprender cómo colocar veneno en latas de refrescos, cómo muere una madre que ha intentado quitarle una botella de whisky a su marido alcohólico... Y sólo por poner un ejemplo...

¿SÓLO HAY QUE TENER CUIDADO CON LA VIOLENCIA?

El Ministerio de Sanidad y Bienestar de Japón[37] todavía está estudiando a las víctimas de los dibujos animados. Al parecer, la denominada epilepsia fotosensitiva, según psicólogos y sociólogos de ese país, se debe a varios factores: la cercanía de los niños a las pantallas de televisión, estar a oscuras mientras ven la televisión, permanecer al menos a dos metros de distancia y mirar sin descansar. Al parecer los parpadeos luminosos de los dibujos animados, cuyo objetivo es crear adicción en los niños, tienen también otras consecuencias. También el jefe de Neurología del hospital Niño Jesús de Madrid menciona el caso de dos hermanas, tratadas durante cuatro años, que sufrían convulsiones provocadas por la televisión. Como única medicina, se le recomendó a los padres que renunciaran a la pequeña pantalla. Los videojuegos también tienen estos peligros, especialmente si se incorporan cambios de luz bruscos, violentos y continuados.

Películas de terror

La mayoría de las productoras de cine de terror aseguran que las películas de terror infantiles están destinadas a ayudar al niño a enfrentar sus miedos porque aprenden desde pequeños a distinguir qué es la fantasía sin confundirla con la realidad. Pero la pregunta es: «¿Ayudan a todos, independientemente de las características individuales y de la edad?». Seguramente no. A un niño de cuatro o cinco años, o más pequeño, que no distingue sus fantasías de la realidad, las pelí-

---

37. La noticia de los casos de epilepsia fotosensitiva se puede encontrar en: http://www.elmundo.es/elmundo/1997/diciembre/19/ciencia/dibujosanimados.html-arriba

culas de terror sólo le servirán para asustarlo. También hay que tener en cuenta el desarrollo psicosocial de los niños y que tal vez no estén preparados para soportar sus emociones, por lo que muchas dejan secuelas, como el miedo a la oscuridad, a dormir solos, a abandonar la casa, a los extraños, a los ruidos o a los movimientos repentinos. Pero hay más. Las películas de terror tienen una gran carga de violencia. Personalmente he visto a niños de menos de seis años salir aterrados del cine con su caja de palomitas vacía y en los brazos de sus padres. Incluso he visto a niños mayores, de nueve y diez años, aquellos que van al cine a pasar miedo, salir verdaderamente aterrados porque su único fin no es el placer sino demostrarles a los de su pandilla que son valientes.

¿Y en la adolescencia? ¿Qué pasa por sus cabezas cuando ven un cóctel de terror y violencia, tan de moda en la actualidad, que, por otra parte, está al alcance de cualquier adolescente, pudiendo acceder incluso a películas que en el cine les estarían prohibidas?

La proliferación de alquiler de vídeos y películas en DVD puede llevar a los preadolescentes y adolescentes a cometer verdaderos estragos si a la sobreexcitación proporcionada por la película se une una pérdida de control. Películas como *Blade,* cuyo protagonista es un ser mitad humano y mitad vampiro que lleva a cabo una sangrienta cruzada para eliminar a una «raza maldita» liderada por Frost, que quiere convertirse en el dueño del universo, está al alcance de cualquier chico de doce años. Y si bien no todos los que las vean se sentirán identificados con el personaje interpretado por Wesley Snipe, el riesgo puede ser muy alto si a ello se suman condiciones de vida desfavorables.

Violencia en otros formatos: los *reality shows* y los telediarios

Desde hace un par de años en nuestro país se han puesto de moda programas realizados sobre la base de la intimidad ajena, que, aunque no entran en el horario de programación infantil, sí lo hacen sus *spots* de promoción. Tanto los niños como los adolescentes ven este tipo de programas que no sólo tienen por objetivo la primicia a toda costa, sino hacer más real las peleas, el dolor, las alegrías, y siempre con imágenes cargadas de dramatismo en uno u otro sentido. Pero hay más. Por ejemplo, los que hacen apología de la «hermandad» se manejan con un tipo de comunicación violenta, agrediendo, dando golpes bajos...

Al igual que en el caso de los telediarios, es importante que usted controle la cantidad de tiempo que su hijo mira estos programas. Asegúrese de que su hijo puede hablar y expresarse y no le haga callar porque esté escuchando algo en la tele. Si es así, mejor vea este tipo de programas solo. Si es pequeño, y su hijo ha visto algo que le ha impresionado, dele la garantía de que usted está ahí para cuidarlo, que está seguro, y de que no en todo el mundo ocurren esas cosas que ha visto. Recuerde que sus palabras le permitirán a su hijo estar más tranquilo. Por último, si su hijo presenta una persistente conducta rebelde a las normas establecidas, si se muestra negativista y desafiante, con tendencia al retraimiento y al aislamiento social, y con un pobre interés por el estudio, además de escasa empatía con los demás, directamente elija usted qué es lo que puede ver y qué no. Fundamentalmente porque si a su hijo le gusta el riesgo, y no encuentra el límite entre un real entorno de vida deteriorado y la realidad que ve en la pantalla, es importante reducir el contacto con imágenes violentas. Y además usted puede, por ejemplo, mostrarle que aunque el actor no se lastimó ni murió en la película, la violencia puede producir dolor o muerte si sucede en la vida real. En cualquier caso, pregúntese: ¿qué lugar ocupa la televisión en su casa?, ¿cuida de sus hijos?, ¿es un entretenimiento familiar?

Imitación de héroes

Nadie ha profundizado tanto como el psicoanalista alemán Erich Fromm en los métodos de embotamiento de la sociedad actual a través de la imagen. En un certero párrafo dice: «Los métodos de embotamiento de la capacidad de pensamiento crítico son más peligrosos [...] que muchos ataques abiertos [...]».[38]

No cabe duda de que los niños y los adolescentes que copian los comportamientos de los personajes del cine, de la televisión, cuando carecen de modelos reales, acaban confundidos y embotados. Los héroes de las pantallas no sólo son agresivos y violentos, sino que también calculan cada acción violenta, mientras parecen incapacitados para calcular las consecuencias de esas mismas acciones. Cuando se enfadan, en lugar de respirar profundamente, salir a correr o expresar lo que sienten mediante la música o un dibujo, tal como padres y profesores intentan enseñar en la actualidad a los niños desde pequeños, ellos prefieren tirar bombas, luchar con sus espadas invencibles, dar puñetazos, emborracharse, o apretar el acelerador hasta alcanzar los 220 km. por hora, sin contar que en las persecuciones —como el objetivo es atrapar a los malos— los héroes aplastan todo lo que se cruce a su paso y aprietan el gatillo sin inmutarse. Son rudos, fuertes y aparentemente indestructibles. Algunos toman sustancias para tener fortaleza, dejando un claro mensaje de que, ante la *pérdida de energía,* hay que consumir alguna sustancia que dé energía.

Pero los héroes no enseñan sólo la violencia directa o indirecta, también enseñan a ser insolentes e impertinentes. Se rebelan ante las órdenes y las pautas establecidas con la excusa de que deben hacerlo para defenderse, o bien con el objetivo de provocar. Al fin y al cabo, ser insolente en clase da prestigio. En estos casos, la víctima es el profesor o los propios padres.

Sin duda no es fácil formar a niños con una base ética en una sociedad donde prevalece el individualismo y la falta de solidaridad. No obstante, es importante que padres y profesores se pongan de acuerdo a la hora de enseñar a las nuevas generaciones que nadie debería desear perjudicar a otro, dañándolo física, moral o psicológicamente.

---

38. *El miedo a la libertad,* p. 153 y ss.

CONSEJOS PARA PADRES

Si un padre o una madre cree que su hijo o hija tiene comportamientos agresivos desde pequeño, es importante que seleccione cuidadosamente qué programas de televisión le permitirá ver y cuáles no. Tal vez deba estimular a su hijo para que ese tiempo, en vez de para ver televisión, lo utilice para tener un mayor contacto con los libros, con otros niños de su edad, o pintando... Si usted es uno de esos adultos que no cree que los dibujos animados puedan influir en el comportamiento agresivo de su hijo, intente sentarse durante dos horas frente al televisor, con actitud despreocupada y sin la experiencia que tiene ahora, a mirar de manera continuada los dibujos que ven los niños de tres a doce años. Pregúntese: ¿qué aprendería mi hijo si viera esto? ¿Qué sentiría? Por ello, si usted cree que algún evento violento (ya sea real o ficticio) ha perturbado a su hijo, hable con él. Dígale que a usted no le ha gustado lo que ha visto, y seguidamente pregúntele: «¿A ti qué te pareció?». No olvide que los niños se sienten mejor cuando hablan de lo que les pasa. Tampoco dude en:

- Supervisar activamente el contacto que tiene su hijo con cualquier tipo de violencia proveniente de los medios de comunicación.
- Elegir las películas que sus hijos puedan ver y los videojuegos con los que puedan entretenerse.
- Seguir viendo una película violenta, si a usted le agrada, si su hijo menor de doce años se queda como petrificado ante la escena. Rompa el hielo y dígale: «¿Crees que los "polis" lo podrían haber resuelto de otra manera?».
- Mirar junto a su hijo algunos de los programas que él ve.
- Establecer límites a la cantidad de tiempo que pueden estar mirando televisión, considerando incluso si es necesario quitar el televisor del cuarto del niño.

- Explicarle, cuando es pequeño, que aunque el actor no se ha hecho daño ni se ha muerto, tal violencia en la vida real resulta en dolor o en muerte.
- Negarse a que su hijo mire programas que se sabe que contienen violencia, de cualquier tipo.
- Desaprobar los episodios violentos frente a sus hijos, enfatizando la creencia de que tal comportamiento no es la mejor manera de resolver un problema.
- Contrarrestar la presión que ejercen los amigos y compañeros de clase de su hijo comunicándose con los padres de éstos si cree que están viendo algo que les perjudica, ya sea mediante películas alquiladas o en Internet.
- Llevar a cabo reuniones familiares para llegar a acuerdos futuros respecto de lo que puede y no puede ver su hijo en la televisión.
- Resaltar los rasgos de los personajes que saben cooperar, que actúan con respeto hacia el prójimo y que tienen interés por el punto de vista del otro.
- Explicarles que la mayor parte de lo que ven no es real.
- Hablar con él sobre lo que ve, sobre todo si es pequeño. Pregúntele qué es lo que más le gusta de su héroe preferido. Escúchelo atentamente. Si se refiere a alguna cualidad relacionada con la fuera o la violencia, pregúntele cómo lo habría resuelto él sin hacerle daño a nadie.
- Generar debates (a partir de los diez años) sobre el uso de la violencia, e incorporar otras soluciones que ellos pueden proponer.

CONSEJOS PARA PROFESORES

Los recursos personales para docentes, relacionados con los medios de comunicación, dependen de la edad de los alumnos y de sus posibilidades intelectuales y psicosociales. De hecho, si el niño se encuentra en una etapa de crecimiento centrada en la mimetización, será más importante intentar desarrollar actividades proponiendo modelos más efectivos que los que aparecen en la pantalla de sus televisores. Fundamentalmente porque hay demasiadas propuestas antisociales dirigidas al público infantil, lo que le impide desarrollar valores y hábitos.

Cuando tienen seis años o más, se pueden plantear debates con preguntas como: «¿Alguna vez está justificado pelear?». Y ponga un ejemplo: «Si alguien te pega, ¿qué haces?». La mayoría de los niños suele responder que la respuesta es devolver el golpe. El profesor debería explicar en esos casos que ahí radica el problema de la violencia: en que no termina nunca. Así que a veces lo mejor que se puede hacer es alejarse de la otra persona hasta que ambos se calmen y puedan encontrar una solución.

En las escuelas e institutos también se puede:

- Proponer debates para analizar películas que estén de moda o que muestren diferentes formas de resolver un mismo problema.
- Fomentar la lectura de aquellos libros que dieron origen a los guiones de las películas de moda. Por ejemplo, *El señor de los anillos*.
- Informar y reflexionar conjuntamente sobre las ventajas y los peligros de Internet.
- Inculcar un sentido crítico y selectivo frente a lo que ven en televisión.
- Darles la posibilidad de que vean cómo se hace una película.
- Desarrollar actividades que les permitan dar su opinión sobre las personas que son diferentes en algún aspecto.
- Fomentar, desde pequeños, actitudes basadas en la ética y en el respeto al otro.

- Abordar con los grupos y según las edades los temas de amor y sexualidad.
- Permitir que participen de experiencias relacionadas con el cuidado del planeta y la no proliferación de armas, como lo hace Unicef.

Cuando la violencia del *bullying* se desborda y se vuelve contra los docentes

¿Cuál es, pues, la relación entre nosotros y el mundo? ¿El mundo es diferente de nosotros, o es que cada uno de nosotros es el resultado de un proceso total, que no es distinto del mundo sino que forma parte del mundo? Es decir, ustedes y yo somos el resultado de un proceso mundial, de un proceso total, no de un proceso separado, individualista...

Vivir de instante en instante
JUDU KRISHNAMURTI

Ya en 1980 el prestigioso educador James Comer,[39] una de las figuras más importantes en el campo de la intervención en los colegios en Estados Unidos, detectó que la indisciplina en la escuela aumentaba la sensación de fracaso de los docentes. La principal consecuencia de esta sensación eran el enojo, la frustración y la decepción, y como última instancia el impulso de resolver la violencia con más ofuscación. Pero éstos últimos sólo eran casos particulares. La mayoría de los docentes estudiados no dejaban de buscar nuevos recursos para retomar el equilibrio de las clases, pero, debido a que pocas veces lo lograban, preferían dedicar mucho más tiempo a buscar formas de protegerse a sí mismos del caos. Y lo mismo ocurre con el *bullying*.

Cuando la violencia promovida por situaciones de *bullying* se desborda y rebota contra los docentes, es imprevisible saber dónde más va a dar. De

---

39. J. P. Comer, *School power: Implications of an intervention project*, Free Press, Londres, 1980, pp. 29 y ss. El programa de desarrollo de la escuela de J. P. Comer se asienta en la relación entre la escuela y la familia. El proyecto consistió en sus orígenes en volver a conectar a la escuela y a su comunidad, con plena participación de los docentes para que éstos no perdieran poder, redistribuyendo la toma de decisiones entre los padres y el personal de la escuela para mejorar el desarrollo total y académico de los estudiantes.

este hecho significativo fue lamentablemente protagonista una profesora en un colegio de Málaga que, tras llamarle la atención a una alumna de catorce años en una convivencia escolar al verla con una navaja, el resto de las alumnas arremetieron contra la profesora. La acusaron de «meterse» con la chica. A la semana siguiente, el padre de la joven la acompañó al instituto. Después pidió hablar con la profesora y en un momento de la conversación en que se sentía verdaderamente ofendido sacó la navaja y le apuntó diciéndole: «Mi hija sólo la tenía para defenderse de los compañeros, pero yo estoy dispuesto a usarla». Según la profesora, lo significativo era que se trataba de una alumna que nunca había dado problemas y que, tal como contó la chica después, sólo «la llevaba para defenderse» por si alguno de sus compañeros le «hacía algo».

Alumnos con armas

Es evidente que no hay un perfil claro que defina al alumno que va armado a clase. Hoy en día cualquier alumno puede ir al colegio con una navaja, conseguir un punzón, o usar como arma cualquier objeto. Sin embargo, los que parecen estar más de acuerdo con «llevar una defensa» son los chicos de la «generación de la llave», que pasan la mayor parte del día solos porque sus padres trabajan, que se sienten fuertes porque entran y salen de casa cuando quieren con tan sólo once o doce años, por lo que la mayoría no respeta a aquellos que intentan poner en práctica su autoridad. Otros grupos estarían formados por los jóvenes cuyos padres les dan siempre la razón, los que no han sido previamente respetados por un profesor y los que van al instituto «porque les mandan».

Profesores en la delgada línea roja

Es evidente que el caso de la profesora de Málaga no es el único. El 24 de noviembre de 2000, muchas personas pidieron ante la Delegación de Educación de Sevilla medidas para frenar la violencia escolar. La agresión más reciente había sido la de una profesora por parte de dos alumnos. Y es que cada día algún medio de prensa nos sorprende con alguna noticia de intimidación en las aulas. En septiembre del año pasado, un periódico madrileño[40] se hacía eco de esta problemática como de un fenómeno cotidiano: «Ocho de cada diez docentes madrileños denuncian indisciplina y violencia en los colegios», mientras que un «85 por ciento del profesorado de la Comunidad de Madrid reconoce la existencia de "situaciones de violencia en los centros", según una encuesta realizada por el sindicato de profesores ANPE entre docentes de todas las edades de educación Infantil, Primaria y Secundaria». De hecho, la mayoría de los entrevistados coincidía en que los centros de Secundaria eran los lugares más proclives a los actos de violencia. Agresiones fundamentalmente verbales y psicológicas, pero que no excluían el maltrato físico. Y siempre refiriéndose a un tipo de violencia que no se limitaba a los alumnos, sino que también implicaba agresiones a los profesores. Lourdes es profesora de plástica de un colegio concertado:

Estaba dando una clase a 2º curso de ESO cuando me avisaron que tenía una llamada de teléfono de la canguro de mi hija. Cuando volví a clase, no pude creer lo que estaba viendo. Mi bolso estaba abierto, y no había nada dentro. Todo estaba tirado por el suelo. Las gafas, la agenda, mis cosas personales...

No tenía necesidad de preguntar quiénes habían sido. Sentí ganas de llorar, de irme para no volver nunca más. Pero en su lugar amonesté a toda la clase y les dije que ésta era la última oportunidad que habían tenido para demostrar que eran responsables. Sacaría el castigo si los que habían sido daban la cara antes de que acabara la hora de clase.

Al igual que Lourdes son muchos los docentes que viven prácticamente a diario este tipo de intimidaciones y violencia por parte de los alumnos. S. Peña es profesora de un colegio del epicentro de

---

40. Noticia aparecida en *ABC* el 22 de noviembre de 2003.

Madrid, que prefiere mantener su anonimato debido a que aún está muy afectada. Según cuenta esta profesora de treinta y seis años, estando a cargo de un sexto grado de un colegio estatal, empezó a prestar más atención a un niño de once años al que veía muy triste. Al parecer, los padres del chico se habían separado y vivía solo con su abuelo. Cuando S. Peña estaba explicando un ejercicio de matemáticas a un niño, el chico en cuestión se le acercó y, como no le prestó atención a la primera, comenzó a gritarle y se arrojó contra ella dándole un puñetazo en la cara. La profesora acabó con una fisura en la nariz y una herida en el pómulo. S. Peña asegura que lo que más le dolió no es la herida física.

Evidentemente, como tantos otros profesores y profesoras que se encuentran desprevenidos ante el ataque, no sólo no responden a la agresión sino que tampoco se defienden. ¿Pero qué ocurre cuando un profesor cruza la delgada línea roja, cuando responde también con violencia? Sin duda las consecuencias son difíciles de predecir. Sólo basten dos historias para reflexionar:

Mario, un joven de quince años, gritó en medio del patio en un colegio público de Salamanca el nombre de un compañero. Era el año en que en el colegio había habido dos cambios en la dirección. Los profesores estaban más tensos que de costumbre y dos de los cursos de secundaria (2.º y 3.º) parecían estar compuestos por jóvenes ingobernables. Quizás por eso cuando Mario gritó, y fue lo más grave que había hecho en los últimos dos meses, un monitor mayor que estaba detrás colocó la mano sobre el hombro de Mario y, mientras le apretaba cada vez con más fuerza, le dijo: «¿Quién te crees que eres? Aquí no eres más importante que el diminuto hueso de una oliva en un gran ágape. Lo entiendes. ¿Entiendes que en este colegio no eres nadie? Así que...». Y mucho antes de que el monitor acabara la frase Mario giró su cabeza hacia el lado contrario al del hombre, estiró el brazo con su puño cerrado y volvió a mirarlo, ahora hundiendo un golpe en medio de los ojos. El hombre, estuvo dos días en observación, ahora está de baja por miedo a ser agredido nuevamente.

Es la clase de Tecnología de un colegio privado de Madrid. Los alumnos tienen entre doce y trece años. El profesor le pregunta a un alumno si ha traído los deberes hechos. El chico le contesta que no. El profesor le pregunta la razón, a lo que el alumno responde que no ha podido hacerlos porque ha tenido a su madre enferma. El docente, que no es un profesor joven e inexperto, no obstante ríe diciéndole que buscara otra excusa. El alumno insiste en la veracidad de sus palabras. El profesor se burla una vez más hasta que el chico, en un ataque de furia, se arroja contra él y le grita: «¡¡Eres un subnormal!!». El profesor agarra por el cuello al chico y lo lleva contra la pared. Los compañeros quieren explicárselo al director pero éste les dice que, como no presenció los hechos, debe creer primero en lo que dice el profesor, que actualmente sigue dando clases en ese mismo colegio. Obviamente, los padres de dicho alumno lo cambiaron de colegio, pero el niño, ocho meses después del suceso, tiene miedo.

Algunos colegios, siendo conscientes de que los adultos pueden tomarse la justicia por su mano y que los que no lo hacen están desprotegidos, están pensando en abrir una oficina por barriadas[41] para todos aquellos profesores que han sido agredidos en los recintos escolares.

Probablemente porque, como demuestra la investigación llevada a cabo por ANPE, si más de la mitad de los encuestados (58,3 por ciento) se siente desmotivada ante su labor docente y no hay apoyos ni una normativa que proteja estas agresiones, no son consideradas sus consecuencias como enfermedades profesionales; si no hay suficientes medidas disciplinarias para los alumnos conflictivos, las administraciones deberán abordar con rigor y seriedad la formación inicial y continua del profesorado como mediadores ante este tipo de problemas. Fundamentalmente porque la desmotivación de los docentes y la consecuente depresión y estrés que los conflictos violentos conllevan pueden devenir también en actos violentos por parte de los profesores.

Cuando los alumnos no permiten que se imparta clase, cuando las agresiones de estudiantes a docentes están a la orden del día, para un profesor explicar gramática y enseñar valores no es tan sencillo.

---

41. Sería interesante que esta idea no quedara sólo en un deseo y que hubiera oficinas anti-*bullying* como en la actualidad las hay anti-*mobbing*. Un ejemplo de ello es la que no hace mucho abrió al público la Generalitat en Catalunya.

Un ejemplo reciente fue el que ocurrió en un colegio de clase alta de Barcelona donde un profesor fue primero rechazado y luego intimidado por hablar de democracia en un colegio donde el grupo «fuerte» de la clase profesaba una ideología ultraderechista. Primero se lo advirtieron: «No siga dándonos estas clases porque nadie nos va a cambiar las ideas», luego lo amenazaron directamente («estamos dispuestos a darle un escarmiento si no cambia el temario») y, finalmente, destrozaron su coche, que estaba aparcado a dos calles del colegio.

El síndrome del profesor quemado

Andrés es profesor de educación física. A sus veintiocho años sufre un síndrome ansioso depresivo. Trabajaba como profesor en una escuela de Cádiz. Hace un año sufrió la agresión de unos chicos de catorce a dieciséis años en un colegio de una zona marginal. Después de la agresión de los alumnos, llegaron las amenazas del padre de dos de ellos. No lo soportó y en la actualidad está de baja por estrés con depresión.

Películas como *Rebelión en las aulas* (1967) o *Mentes peligrosas* (1995) muestran cómo el vandalismo, el absentismo, la violencia estudiantil o la mala intervención de los padres pueden llevar a los profesores a padecer trastornos psicológicos. Al principio la sensación de desmotivación frente a alumnos se produce cuando éstos generan situaciones de violencia intentando que no se impartan clases, pero, aunque eso se supere, es la tensión en las aulas lo que los lleva a padecer estrés. El síndrome de «estar quemado», *burnout* también conocido como síndrome del desgaste de los profesores, empieza a convertirse en un problema de gran relevancia. Expertos sanitarios recomiendan el reconocimiento de que este síndrome sea considerado como una enfermedad profesional, cuando los profesores han sido víctimas de violencia por parte de los alumnos. En las fases más avanzadas de estrés laboral puede llegar a causar una incapacitación total para volver a trabajar, con cuadros de depresión, ansiedad, fatiga crónica, trastornos del sueño, frustración, actitudes pesimistas... Es una enfermedad que afecta especialmente a los profesionales cuya labor está basada en la relación con otras personas. De ahí que no sea sorprendente que uno de los grupos más afectados por el síndrome del desgaste profesional sean los profesores, ya que se trata de una profesión que está dentro de las profesiones que exigen entrega, implicación, idealismo y servicio a los demás.

Por último, cabe recordar que la mayoría de los docentes explican el origen de la violencia contra ellos argumentando que se ha producido un resquebrajamiento de la autoridad, debido a que las relaciones familiares y sociales han dado un vuelco. Para ellos, el panorama de la vida familiar cambió tanto en los últimos años y tan drásticamente que todavía genera sorpresa y desconcierto. En este sentido, la familia tipo (mamá y papá con sus hijos bajo el mismo techo) avanza hacia lo que se ha dado en llamar «la familia posmoderna», marcada por la creciente inestabilidad de los vínculos, la resistencia generalizada a formalizar las uniones, la convivencia bajo el mismo techo con personas con las que no hay una historia común. Por otra parte, para la mayoría de los docentes entrevistados, a los niños se les permiten muchas actitudes que antes les estaban vedadas. Por ejemplo, antes se respetaban una serie de normas, a las personas mayores, a los abuelos, a los profesores... Hoy en día esas normas se han vuelto mucho más laxas.

Manifestaciones más comunes de la violencia contra los profesores

¿Es igual la violencia contra los profesores que la de los alumnos entre sí? En general, los profesores agredidos se quejan de los insultos, robos, amenazas y daños físicos. Los primeros constituyen la forma más frecuente en que el profesor es agredido. El vocabulario de los alumnos en edades comprendidas entre los trece y dieciséis años es de una riqueza increíble. Especialmente si se refiere al insulto relacionado con alguna diferencia. En algunos colegios del Reino Unido, según los alumnos de un instituto con los que he podido hablar, los profesores extranjeros no pueden defenderse de los insultos y agresiones de sus alumnos. Uno de estos chicos escuchó cómo un chico inglés gritó en medio de la clase a un profesor español: «¡Vete a tu país, y déjate de cuentos, español de mierda!». El profesor no hizo nada. El director del instituto le había dicho con antelación que no se sorprendiera ante ese tipo de insultos y que no reaccionara de ninguna manera, que en toda esa zona del país era algo normal, y que expulsar al alumno era darle lo que quiere.

Los robos, el segundo tipo de agresión más frecuente, generalmente tiene por objetivo dar una señal de venganza. Al dañar las pertenencias del profesor/a, más que para sustraerlas, lo que el alumno intenta demostrar es hasta dónde llega su poder de venganza. También es cierto que el índice de robos de pertenencias a profesores aumenta a medida que aumenta la edad de los alumnos.

Las amenazas, si bien están enmarcadas dentro de la agresión verbal, algunas veces son la antesala de la agresión física o de la destrucción de los bienes del profesor, pero la mayoría de las veces quedan en una agresión sin mayores repercusiones. Suelen ser directas o mediante anónimos si el profesor vive en la misma zona. A veces las amenazas son llevadas a cabo por un grupo de chicos a los que apoyan sus padres.

Por último, la agresión física no es la más común, pero sí la que más preocupa a los docentes de todos los ciclos.

CONSEJOS PARA LOS PADRES

La situación de respeto y de violencia en el interior del colegio se ha visto agravada por una creciente intervención no pacífica de los padres. También cuando las pautas disciplinarias en el hogar son demasiado laxas. En este sentido, los padres deberían tener presente que, sin límites, tanto los niños como los adolescentes se encuentran perdidos, lo que produce una sensación de angustia ante la supuesta libertad de acción que conceden muchos padres. O bien cuando para sobreproteger a los hijos se acaba culpabilizando a los profesores. Un buen camino en este sentido, y para que los profesores se sientan apoyados, consiste en buscar ayuda en la escuela mientras desde casa se apoya al profesor, siempre que no haya sido él o ella el violento. En algunos casos, en el que los padres hay querido implicarse para frenar la violencia, se han unido para buscar información referentes a programas utilizados en otras escuelas a fin de aplicar la mediación y la resolución de conflictos.

CONSEJOS PARA LOS PROFESORES

Es evidente que no hay que permitir que los profesores se sientan cada vez más indefensos aguardando cada año a que les llegue la jubilación hasta que un nuevo grupo le dé suficiente aliciente. Algunos colegios se han organizado para que un grupo especializado de profesores informe a los profesores agredidos sobre qué pasos dar, analizando conjuntamente qué medidas se pueden tomar y cuál va a ser el plan de acción. Se trata, pues, de un esfuerzo cooperativo donde se busca además que intervengan los padres y otros estudiantes. Generalmente se elabora un protocolo de actuación que lo firma el director, el regidor y el consejo escolar, los profesores, los padres y el consejo de alumnos. Algunos protocolos incluyen, a veces, a los presidentes de los sindicatos. Obviamente no hace falta que haya ocurrido ningún episodio desagradable para que las líneas generales del protocolo se muestren en la escuela en un lugar destacado. Por otra parte, es importante que uno de los ítems del protocolo deje claro qué hacer cuando se ha detectado una conducta indisciplinada. En la Comunidad de Madrid, por ejemplo, existe una norma[42] para luchar

---

42. Fuente: *El Mundo*, 4 de agosto de 2003; se trata de un proyecto piloto para luchar contra castigos formativos por falta de disciplina.

contra la violencia en las escuelas. Se trata de «Órganos de Decisión» que están compuestos normalmente por el director del centro, el jefe de estudios, un profesor y el alumno que ha cometido la falta, además de los padres o tutores legales, en caso de que éste sea menor. Se elige una sanción y, si todas las partes están de acuerdo, se aplica sin necesidad de abrir un expediente. En la mayoría de los casos se opta por que el alumno participe en actividades escolares determinadas.

- Instrumentar la cooperación entre los profesores para lograr una mirada ampliada, que permita organizar estrategias más adecuadas para abordar el problema.
- Crear espacios que se constituyen en zonas virtuales de negociación, y pactos provisorios y parciales entre profesores y alumnos.
- Requerir la intervención de los padres.
- Escriba en pocas líneas cómo ocurrieron los hechos.
- Escriba entre seis y diez razones por las cuales usted es especialmente perjudicado.
- Enumere quiénes estaban presentes.
- Describa hasta qué momento la relación era satisfactoria.
- Hable con otros profesores que entiendan su situación.

Cómo enseñar a su hijo a prevenir y a defenderse del *bullying*

Una tarde en que no teníamos clase —andaba yo por los diez años— vagaba con dos chicos de nuestra vencindad cuando se nos unió un chico mayor, más fuerte y brutal que nosotros, de unos trece años, alumno de la escuela e hijo de un sastre. Su padre era bebedor crónico y toda la familia tenía mala fama. Yo conocía bien a Franz Kromer; le tenía miedo y no me gustó que se uniera a nosotros.

Demian
HERMANN HESSE

La mayoría de los padres desean ayudar a que el hijo o la hija se desenvuelvan adecuadamente en la escuela. Un paso importante, no sólo para frenar el *bullying* sino también para prevenirlo, consiste en enseñarles a actuar frente a la provocación, con el objetivo de que no caigan en el juego de la violencia y acaben convirtiéndose en chivos expiatorios de un *bully*.

Intimidar o forzar a otra persona a hacer algo es una experiencia común para muchos niños y adolescentes. No hace falta que su hijo llegue a ser acosado para que usted le ayude. A veces, los consejos y las guías actúan como excelentes preventivos cuando es víctima de las primeras burlas, los primeros robos, o amenazas. Si usted sospecha que su niño ha sido víctima de intimidación, pídale a él o a ella que le cuente lo que está pasando. Usted puede ayudar proveyéndole de muchas oportunidades para que hable de manera abierta y sincera. En primer lugar, hágale saber a su hijo que lo que haya ocurrido no es culpa suya y que ha hecho lo correcto al decírselo a usted. Después, trabaje sobre lo que le haya ocurrido, una cosa cada vez (por ejemplo, las burlas), y siempre dejando bien claro que un conflicto, independientemente de la pelea y del disgusto que pueda ocasionar, siempre es una oportunidad para llegar a un acuerdo y para aprender cómo solucionar los problemas.

Defenderse de las burlas

Lo que usted debe saber es que burlas tales como el uso de sobrenombres son comunes entre los niños y los adolescentes y no tiene por qué considerarlas una intimidación si se producen esporádicamente. Eso no significa que su hijo se sienta bien cuando es de él de quien se ríen, como también es cierto que no todas las burlas causan daño. Por ejemplo, las burlas durante el juego pueden ser divertidas e incluso constructivas, como las burlas humorísticas donde todo el mundo se ríe, incluyendo la persona a la que se le está haciendo la burla. Éstas pueden incluso ayudar a desarrollar habilidades sociales para escapar del punto de mira del chistoso. Pero, a diferencia de las burlas durante el juego, las burlas que causan daño pueden provocar que la persona molestada se sienta triste, herida o de mal genio. Hay burlas que son hostiles y que requieren intervención por parte de los padres y/o maestros.

Por ejemplo, usted puede empezar por transmitirle que lo más importante frente a una burla es que él o ella no se identifique con la ofensa, y no sólo porque no sea verdad, sino porque tomar en serio a quien la hace es darle pie para que siga molestando. Si su hijo le ha entendido, pregúntele qué cree él o ella que se debe hacer, y cómo ha actuado hasta ahora y si le ha funcionado o no. También averigüe dónde ocurren mayormente las burlas (áreas de juego, baños, autobuses escolares...) para comentarlo con los responsables de la escuela, sugiérales que haya una mayor supervisión. Y a su hijo sugiérale que trate de alejarse del que «va de listillo».

Recuerde que si a los niños y a los adolescentes se les habla con respeto, comprensión y naturalidad, inmediatamente sabrán lo importante que es hacer valer sus derechos. Por tal motivo, en lugar

de insistir en que el intimidador es peligroso, molesto, etc., demués-
trele que la meta del intimidador es lograr una respuesta para seguir
con su juego, o ver que la víctima se comporta pasivamente, así
que lo mejor es actuar, pero causando un efecto. Por ejemplo, una
actitud que puede desconcertar a un *bully* puede ser quedarse y
mirarlo como si no le importaran sus palabras; en otros casos, puede ser que haga como que no lo oye mientras imagina que está
rodeado de una cortina de neblina impermeable a las burlas. Las burlas no le tocan. Esta técnica es muy efectiva con niños pequeños y
preadolescentes, y da excelentes resultados también con chicos mayores.

Otras opciones son:

- Responder a la burla como si se tratara de un halago: en general, todas las burlas pueden ser manejadas como si la persona
  que le quiere agredir le hubiera dicho un halago. El modo de
  lograrlo es ignorar la palabra que busca el pleito. Por ejemplo,
  si un chico le dice a otro: «Tienes cara de papilla», a veces da
  buenos resultados responder: «Veo que te encanta la papilla».
  El agresor puede responder: «No me gusta, como no me gus-
  tas tú». Entonces el otro puede responder: «¡No lo creo, si yo
  no te gustara no me molestarías tanto!». Enséñele a su hijo que
  ignorar la agresión e, incluso, tomarla como un cumplido y decir
  «gracias» a veces funciona.
- Responder a la burla como si se tratara de un halago y devol-
  verla con otro: dígale a su hijo que si alguien, por ejemplo, dice
  refiriéndose a él: «Miren, habla como un orangután», él puede
  responder: «¡Qué maravilla que tú no lo seas! El mundo necesita de gente que hable bien como tú».
- Estar de acuerdo con partes que puedan ser verdad e ignorar
  el resto de comentarios desagradables: por ejemplo, si un niño
  dice a otro: «Tienes una nariz como una zanahoria», el chico
  agredido puede contestar: «Tienes razón, mi nariz es un poco
  grande, te agradezco que lo hayas notado». Hágale ver a su
  hijo que a los *bullies* realmente les resulta casi imposible seguir
  peleando con alguien que les acaba de alabar.

Defenderse de las ofensas

Las ofensas calan hondo tanto en los niños como en los adolescentes. Es importante que usted primero consuele a su hijo frente a la ofensa. Ésta es la primera actitud que él necesita: ser escuchado para expresar su dolor. Después, pueden pensar juntos qué salida es la más conveniente. No se trata de sobreprotegerlo y mucho menos de mostrarle que «usted tenía razón» cuando le avisaba de tal o cual defecto. De lo que se trata es de que usted se tome tiempo para enseñarle a no aferrarse a las palabras. Tanto las ofensas como los insultos no deben ser considerados como una verdad sobre uno, sino como una pérdida de control del otro. Por esa razón enséñele a responder con frases con las que defender sus derechos sin insultar a su vez. Por ejemplo, puede decir: «No me insultes porque no seguiré jugando» o «no deseo estar contigo». A veces las ofensas y los insultos se dicen en forma de comparaciones. En esos casos es mejor jugar con las palabras para salir del paso. Por ejemplo, practique con él qué le diría a alguien que se burla de su peinado diciéndole «llevas los pelos como un puerco espín». Deje que él invente lo que quiera y ríase con la ocurrencia porque el objetivo es desdramatizar. Si no sabe qué contestar, explíquele que siempre podrá decir: «Tienen muy poca gracia tus bromas», o bien, «yo pareceré un puerco espín, pero al menos a ti no te insulto», y dejar solo con «su público» al chico molesto.

Defenderse de la persecución por algún defecto

Independientemente de lo que le digan, enséñele a responder: «No le veo la gracia, en realidad es un problema para mí, tú tienes suerte si no tienes ningún problema». Obviamente esta respuesta no hará que el chico o chica que le molesta actúe de un modo más empático, pero al menos hará dudar a los espectadores. Si por ese u otro defecto es aislado de un juego, enséñele a que exija una oportunidad para demostrar su capacidad. A veces los niños y los preadolescentes no se atreven a reconocer ante sus padres que son molestados por un defecto porque temen ser sobreexigidos por los propios padres. Es como el niño que está obeso y al que sus padres le dicen: «A partir de ahora y para que no te vuelva a pasar, harás una dieta estricta». Es importante darles tranquilidad, que sepan que los adultos le comprenden. Si a pesar de ello cree que su hijo no puede comprender que el problema lo tienen los que le rechazan, dígale que todas las personas somos rechazadas en algún momento de nuestra vida, o que lo hemos sido y simplemente porque no le podemos caer bien a todo el mundo. Explíquele que no hay nadie en este planeta que sintonice con todas las personas y que, por lo tanto, eso no implica que otras personas no se sientan bien con nosotros, así que hay que seguir hacia adelante, sin detenerse. Por otra parte, si el niño o el adolescente es rechazado porque se ha comportado con el grupo indebidamente, ayúdelo a corregir su error. No le culpabilice. Explíquele que los fallos son como peldaños de un aprendizaje. Por otro lado, es normal que se sienta herido, pero no necesita compensar su dolor aturdiéndose con alcohol, tabaco o algún tipo de otras drogas; tampoco rodeándose de muchos amigos superficiales. A veces da mejores resultados decir: «Lo lamento», y arrepentirse sinceramente que buscar compensaciones en cualquier parte.

Defenderse de las amenazas

Desde pequeños, los niños necesitan distinguir una amenaza de lo que no lo es, y valorar el riesgo. Por ejemplo, no es lo mismo una amenaza proveniente de un bocazas, que de alguien que es violento. Es cierto que siempre existe la excepción de que éste sea además agresivo, pero si esto es así, lo mejor es tomarlo en serio y avisar a profesores y poner distancia. Es más, durante un período de tiempo que puede ser de dos o tres semanas lo mejor puede ser estar siempre en compañía del grupo o de un adulto, especialmente en el autobús y en la hora de la salida o la entrada.

Cuando el *bully* tira o roba sus cosas

Como es lógico suponer, frente a un *bully* que quiere destruir, tirar o robar pertenencias de otro no siempre la única salida es mantener las pertenencias bajo control, pero lo cierto es que ayuda. Arrojar a la basura o destruir carpetas, estuches, o lanzarlos entre dos o tres mientras la víctima se siente cada vez más indefensa y ofuscada parece ser común y agravarse cuanto mayor es la impotencia del propietario. A algunos chicos les ha dado resultado entrar en el juego para mostrarle a los más agresivos que comprendían que se trataba de una broma y que estaban dispuestos a jugar hasta el final. Si el material escolar se daña, la víctima puede pedir —por medio de una carta al director y una copia para el agresor— que se los repongan. Si el episodio ocurre más de una vez y usted como padre va a intervenir pidiendo responsabilidades, explique que su hijo intentó resolverlo sin violencia y que, al no darle buenos resultados, ha tomado la decisión de pedir al colegio que se haga responsable.

Ante la violencia física

Los golpes, los puntapiés, los empujones, constituyen un modo frecuente de comunicación entre los chavales, pero adquiere una especial repercusión cuando se trata del *bully,* que lo hace con la intención de dañar. Si la agresión ha sido grave, y hay una herida, valore si lo conveniente es ir primero a un hospital a que vean a su hijo y después ponerse directamente en contacto con los responsables del agresor para ayudar a ambos a acabar de resolver el conflicto. Si ha habido herida, usted puede además ir a la central de policía más cercana y hacer una denuncia. El agresor debe poder recibir ayuda para reparar el daño ocasionado.[43]

---

43. En el capítulo 9, «Adultos significativos», encontrará un apartado dedicado a las leyes que protegen a los niños escolarizados, proporcionadas por la procuradora Mariló.

Si su hijo ha sido o es agredido físicamente y no cree que haya que poner una denuncia (a veces, es igualmente conveniente que lo vea un profesional), ayude a su hijo a expresar lo que siente. En ningún caso le anime a devolver golpe por golpe ni le diga que es cobarde si no ha actuado con violencia. Transmítale seguridad en sí mismo, haciéndole ver que ha actuado lo mejor que pudo en ese momento y que lo comprende. Dígale que le cuente qué le ha pasado, y escúchelo atentamente. Si está muy nervioso, no lo anime para que haga un esfuerzo como pensar en cómo resolver el problema. Deje que se calme, que se relaje y regálele la tranquilidad de que usted está seguro de que más tarde, entre ambos, sabrán encontrar un camino que los acerque a la solución. Por último, si sólo se trata de que es molestado, o empujado, enseñe a su hijo a responder con frases del tipo: «Veo que tienes una gran dificultad para dejarme de tocar, debe de ser que te resulto interesante». Esto coloca al joven en una posición de superioridad donde es tocado porque «resulta interesante» y, si el agresor deja de golpear, porque ha logrado su objetivo sin violencia. Algunas veces es necesario buscar la asistencia o la intervención de un adulto si la violencia física que se lleva a cabo es persistente.

Ante la ridiculización

Como en el caso de las burlas, la ridiculización es un arma arrojadiza que puede destruir psicológicamente a quien la recibe. Si su hijo le cuenta que se ríen de él por algo que tiene o hace, y usted ve que esto le duele, escúchelo. Por ejemplo, imagine que su hijo es ridiculizado por las pecas que tiene. Explíquele que si de entrada le hace ver al *bully* que está de acuerdo con que tiene pecas, probablemente no insista en molestarlo. Cuando se está de acuerdo, es más fácil manejar la ridiculización. Si el otro dice: «Eres un caramanchada, tienes muchas pecas», su hijo puede responder: «Sí, yo tengo muchísimas pecas, ¿y qué?». Estar de acuerdo con los hechos generalmente elimina el deseo de esconder aquello por lo cual es ridiculizado. Si su hijo es preadolescente o adolescente, ayúdele a comprender que lo verdaderamente ridículo es querer esconder lo que se es, porque entonces sí se transforma en algo grotesco y extravagante. Comparta con él películas y cuentos que hablen de ese tema. Personalmente me apasiona un cuento del genial escritor peruano Ribeyro: se llama *Alienación*.[44] En él se cuenta cómo un chico zambo llamado Roberto López deseaba tanto ser un rubio como los de Filadelfia que pasó toda su juventud luchando para «deslopizarse y dezambarse», hasta que se convirtió en alguien ridículo, con el pelo desrizado, teñido de rubio, la cara empolvada, tejanos y camisa de colorines. Aprendió inglés y se fue a EE. UU. Cuando se le acabó el visado, la única opción que le daban para convertirse en ciudadano americano era alistarse como soldado para la guerra de Corea. Su final fue previsible, a pesar de pasar toda una vida intentando esconder quién era en verdad.

Ayudar a su hijo a aceptarse le ayudará además a comprender que todos podemos tener un momento ridículo en algún momento de nuestra vida. Dotándole de más comprensión y recursos, mostrándole su propia capacidad para tolerar, pensar y manejar las ofensas sin quedar dolido por ellas, podrá relativizar y desdramatizar. Como en el caso de las burlas y las ofensas, quedarse pegado a las palabras es una pérdida de tiempo. Creará así un clima apropiado para que su hijo sienta la confianza de explicarle las situaciones que ha vivido fuera del hogar, teniendo la certeza de que va a ser aceptado, escuchado y comprendido incluso cuando se rían de él o si comete errores. Finalmente, recuerde que siempre puede sugerir a su hijo que use el poder del «¿y?». Responder con un «¿y?» muestra indiferencia y resta importancia a la intención negativa, porque lo cierto es que los niños encuentran en el «¿y?» una respuesta simple y muy efectiva.

Frente a los rumores

La intención de los rumores generalmente consiste en implicar a otros para que no se junten con la persona de quien se rumorea. A veces

---

44. Ribeyro, *Cuentos completos*, Alfaguara, Madrid, 1994.

da buenos resultados hablar con el tutor para que hable en el aula del daño que puede causar un rumor en la vida de los chicos y de las chicas. No obstante, es positivo que el niño y el preadolescente aprenda a defenderse solo del rumor cuando éste llega a sus oídos. ¿Cómo? Pues desdramatizando, con sentido del humor. Por ejemplo, si alguien le dice a su hijo: «No soy más tu amigo porque me han dicho que eres tonto», pues moverse como un gorila y hacer ruidos tontos puede ser una salida saludable. El buen humor es un arma excelente para desarmar a una persona que busca conflictos. Sin utilizar palabras ni agredir, le estás demostrando al más problemático que puedes manejar el hecho de que te llamen «raro, estúpido o ignorante» sin que esto te afecte; y, de esa manera, confundes a la otra persona.

Ante los que se meten con su entorno

Cuando la agresión llega a poner en tela de juicio la vida privada de otro, es indicio de que no es la primera vez que se meten con ese chico o chica. Explique a su hijo que, cuando se ataca la vida familiar de otro, en realidad los chicos y las chicas se están apropiando de algún prejuicio que proviene de su propia familia o entorno social. Es importante que su hijo sienta que usted lo va a poder escuchar sin ofenderse excesivamente, pues el propio temor a herir a sus familiares con el relato de la ofensa puede llevarle a callar y llevar en silencio el malestar. Hay que poder hablar con él, acoger su dolor y relativizarlo, mostrarle que existen prejuicios y también situaciones que pueden despertar curiosidad, extrañeza a personas ajenas a dicha situación. Mostrarle que, como familia, pueden relativizar y sostener la ofensa o liberarse de ella. En cualquier caso, recuérdele que no ofende quien quiere sino quien puede, y que el mejor desprecio es no hacer aprecio, así que nada de llorar, gritar, pegar o tener un berrinche. Algunos padres han enseñado a sus hijos a practicar el arte de ignorar las palabras dañinas, como si fueran invisibles. Por ejemplo, cuando están distraídos, les llamaban «nariz de zanahoria» y los niños debían ignorarlo: si lo hacían bien, los premiaban por la excelente actuación. Cuando ya lo habían aprendido, además les enseñaban a:

- Hablar consigo mismos: de lo que se trata es de que su hijo pueda decirse a sí mismo algo positivo cuando los demás le dicen algo negativo de las personas que él ama. Por ejemplo: «Aunque no me guste esto yo puedo manejarlo. ¿Qué opinión es la que me importa más, la de ellos o la mía?».
- Usar el mensaje del «yo»: el mensaje del «yo» es una forma de expresión que sirve a todas las edades, porque hace que el que es molestado se afirme en lo que desea y lo haga valer efectivamente, expresando cómo se siente, qué le ha causado sentirse así y qué le gustaría que otros hicieran diferente.

Por ejemplo, un niño podría decir: «Me siento muy enfadado cuando te metes con mis gafas. Me gustaría que no lo volvieras a hacer». No obstante, esta estrategia funciona cuando se pronuncia en un lugar donde hay una mayor contención, por ejemplo, en clase. En otras situaciones, en el recreo o en el autobús escolar, esto puede generar más intimidación.

CONSEJOS PARA LOS PADRES

Ningún padre desea que su hijo sea víctima de un *bully* o que se convierta en él para empezar a enseñarle habilidades sociales. En cada etapa de crecimiento usted puede adaptar habilidades asertivas para que su hijo se ejercite en cómo relacionarse con personas que, potencialmente, pueden querer hacerle daño. Usted puede ayudar a su hijo a entender que las burlas, las bromas de mal gusto, la intimidación, el acoso, no se pueden prevenir, pero que él puede parar la ola de violencia, aunque no podrá parar lo que otros dicen. Explíquele que si aprende a controlar sus propias respuestas y reacciones logrará que las situaciones conflictivas sean para él más manejables y que no lleguen a convertirse en un problema. Por esta razón, cuanto antes una familia empiece con la educación emocional del niño, más pronto se establecerán actitudes y habilidades para sentirse mejor con él mismo, tener un mejor autoconcepto, una mayor autoestima y encontrar atajos para defenderse de lo amenazante.

No obstante, no todos los niños tienen el mismo ritmo para madurar emocionalmente, pero lo que sí es cierto es que si vive en un clima de no violencia le será más fácil aprender. En efecto, en un hogar donde se evitan los juegos de poder (abusar de la autoridad, maltratarlos y manipularlos a través del miedo), se les trata con sinceridad, se evita el control excesivo (ser rígido), se comprenden los temores de los niños, se los alienta con recurso y se les enseña autodefensa emocional, los aprendizajes y el crecimiento que de ellos derivan serán mucho más fáciles. Incluso no les importará si dan dos pasos para adelante y uno para atrás, porque saben que ese retroceso también es parte del aprendizaje de la vida.

Y es que si un niño o un adolescente tiene claro que puede autoafirmar sus derechos, sin dejarse manipular y sin manipular a los demás, respetándoles, buscando acuerdos, no dudará en sentirse libre cuando tenga que dar, aceptar o rechazar disculpas, reconocer qué debe mejorar..., mientras fortalece sus relaciones interpersonales, descubre el valor de la empatía y la importancia de poder relativizar lo que le lastima o le duele. ¿Y para qué? En cualquier caso, para que aprenda a ser igual a sí mismo, tolerando la tensión y los impulsos que le provoca aquello que le molesta, extendiendo el éxito a otras áreas de su vida. ¿Cómo? Comprendiendo sus emociones, sabiendo cuándo expresarlas y cómo; sin sentir vergüenza por ninguna de ellas, lo que le permitirá ser más cooperativo en la vida en grupo.

CONSEJOS PARA LOS PROFESORES

Los profesores también pueden ayudar a los niños a entrenarse para la prevención del maltrato entre iguales o para protegerse emocionalmente. Las técnicas de asertividad basadas en la cooperación y la empatía constituyen técnicas que se pueden enseñar desde los primeros cursos del ciclo escolar. Lo mismo que las técnicas para el control de la ira y la educación por la «no violencia». Un buen acercamiento previo es, lógicamente, el conocimiento del grupo. Los profesores pueden observar cuáles son las conductas de riesgo que hay en el grupo que tienen a su cargo. Por ejemplo, el clima de convivencia, actitudes de riesgo, zonas de mayor y de menor violencia... Si el colegio lo considera conveniente, a veces es importante que algunos padres participen de estas «observaciones». En esos casos, un modo de sensibilizar a los padres para que colaboren con el cumplimiento de pautas y normas en común consiste en que sean sus propios hijos los que hagan un trabajo de investigación en grupo, elaboren folletos para distribuir no sólo a sus padres sino también en otros cursos, a fin de que asistan a una exposición sobre un tema que ha sido investigado por ellos mismos. A menudo, a los chicos de catorce o quince años les atraen los temas que les expliquen sus problemas cotidianos y donde puedan obtener respuestas. Por ejemplo, en qué casos se puede considerar un acto relacionado con el sexo como violencia sexual.

Ensenar a convivir para evitar la violencia

El mundo es la relación entre ustedes y los demás. El mundo no es algo que esté separado de ustedes y de mí; el mundo, la sociedad, es la interrelación que establecemos o intentamos establecer unos con otros. Así que ustedes y yo somos el problema, no el mundo; porque el mundo es la proyección de nosotros mismos.

Vivir de instante en instante
JUDU KRISHNAMURTI

«¿Cómo cree usted que podemos parar entre todos la violencia en los colegios?» Con esta pregunta acababa casi siempre la entrevista hecha a algún profesor, maestro o director. Parecía una pregunta sencilla; sin embargo, las respuestas no salían con la misma facilidad que cuando hablábamos de otros temas. Después de enunciarla, algunos de estos adultos se quedaban pensativos y en silencio. Me di cuenta —después de repetir una y otra vez estos encuentros— de que ese silencio delataba un problema: los adultos no aceptaban una pregunta que incluyera el «nosotros». Sospeché que probablemente para esos adultos los únicos «actores» de la violencia eran los chicos, así que empecé a formular la misma pregunta de otro modo. Decidí partir de la afirmación de que para parar la violencia en las aulas debíamos implicarnos todos y usar todos los recursos humanos que estaban a nuestro alcance, y acto seguido pedía propuestas. Unos me hablaron de analizar los grupos de estudiantes, otros de plantear equipos de trabajo desde el cuerpo docente; otros, de insistir en una educación basada en la igualdad de género... La cuestión era que ante la pregunta: «¿Qué idea aportaría usted para que los chavales se enfrenten al mundo de forma negociada, solidaria y justa?», ¡todo el mundo deseaba implicarse!

Educar en la no violencia

Evidentemente, en un centro educativo donde el cuerpo de profesores trabaja en equipo siempre resultará más fácil enseñar a los alumnos a solucionar los conflictos que se presenten. El trabajo en equipo permite que el modelo de enseñanza admita algunas variaciones, como dar importancia no sólo al aprendizaje, sino al tiempo y a la calidad de la convivencia y la cooperación, incluso en la relación profesor-alumno mediante un clima de respeto y confianza.

Ésta es la razón por la que enseñar a los niños y adolescentes a resolver conflictos es el camino más corto para evitar la violencia. Y las razones que usted podrá darles pueden ir desde que se está mejor para hacer otras cosas más interesantes hasta que se gana más tiempo. Pero, en realidad, se aprende fundamentalmente a descubrir cómo controlar las propias reacciones. Ahora bien, cómo enseñar a transformar un conflicto en una situación en la que todos sientan que «ganan» en una sociedad como la nuestra. Resulta evidente que la resolución de conflictos por parte de los alumnos no puede estar apartada de un entrenamiento que incluye enseñarles técnicas de comunicación...

Por ejemplo, en una pelea que involucra a más de dos alumnos, cómo se pueden empezar a plantear acuerdos si las partes están divididas, y si uno de los chicos está más huraño y triste que de costumbre. A nadie le gusta que sus propios amigos le traten de mala manera o le apliquen «tratamiento del silencio».

Aquí no se habla de *bullying,* sino de un conflicto común que puede dar origen a ello. Aquí de lo que se trata es de enseñar una actitud reflexiva y crítica, favoreciendo la comunicación, y siempre para reducir las agresiones verbales y/o físicas entre los alumnos.

Cómo enseñarles a resolver un problema sin recurrir a la agresión

Si partimos de la base de que un conflicto no es constructivo o destructivo por sí mismo, sino que ello depende de la forma como lo manejemos, no es un problema, sino parte de su solución. Además de que pueden ayudarles a madurar, a mejorar su desempeño, la capacidad de discernimiento... Porque ante todo también se necesita comprender la perspectiva de otras personas.

Cuando el alumno logra comprender estas ventajas, experimenta una gran confianza en sí mismo, lo que lo estimula para participar y cooperar. Ya no le preocupan tanto sus miedos, ni la tensión o la adversidad como el aprendizaje. Pero hay más: una vez realizadas las primeras experiencias y se solucionan conflictos de forma positiva, las relaciones entre aquellos que buscaron una solución se fortalecen.

Primera parte del proceso: averiguar dónde está el problema

Una vez adaptado el planteamiento del problema a la madurez del grupo, la pregunta que deben responderse es: «¿Cuál es el problema que deseamos resolver?». Si seguimos con el ejemplo anterior, qué se trata de resolver: ¿el comportamiento del chico que se muestra más huraño?, ¿la pelea entre los dos amigos?, ¿la implicación de los bandos? Si los alumnos no llegan por sí mismos a definir qué quieren solucionar, lo primero que hay que hacer es pensar en lo que está sucediendo. Es evidente que sólo hay dos personas en el centro de la pelea (el resto se suma) y que son ellos quienes deben decidir si desean un mediador. Imaginemos que dicen que sí. El que medie no debe tomar partido... pero puede animar a los espectadores pasivos a que le ayuden a resolver las cosas.

El alumno que actúa como mediador debe saber que si la lucha entre los bandos se sigue alargando es el momento de involucrar a un consejero, a un maestro o a otro adulto en quien confíen.

Ahora bien, si el problema está entre los dos que están en el centro de la pelea, cuál es el motivo. Las respuestas pueden ser variadas y casi nunca tienen un valor prioritario, sino que sirven de «gancho» para que las partes implicadas reflexionen y el que actúa como mediador pueda pasar a la segunda parte del proceso.

Segunda parte del proceso: reflexionar y preguntar

Dejamos claro ante los alumnos que sólo se trata de un ejercicio y que ellos también pueden idear preguntas para que una de las partes en conflicto o ambas reflexionen. Las preguntas deben girar en torno a: «¿Crees que esta pelea no es tan importante como para arruinar vuestra amistad?». «¿Te sientes bien?»

Otra opción es entregarle a cada parte implicada un impreso para que lo completen:

Mi situación es…
Yo me siento:

_____

_____ (Aquí es importante que quien está en el conflicto pueda ser capaz de escribir sus emociones. Puede usar más de una palabra.)

Cuando tú:

_____

_____ (Pídale que dé detalles sobre la manera en que la otra parte del conflicto ha actuado, o sobre lo que él o ella ha hecho.)

Porque:

_____

_____ (¿Por qué crees que te sientes de esta manera?)

Seguidamente, pídale que una las tres partes y las escriba como una oración.

La hojas podrán o no entregarse al mediador. Lo importante es que, una vez obtenidas las respuestas, se ayude a los implicados a reflexionar mediante las siguientes preguntas y por separado:

- Recuerdas cómo empezó el conflicto?
- ¿Es importante que continúen siendo amigos?
- ¿Crees que el conflicto es muy grande?

- ¿Estás más molesto acerca de lo que causó la pelea, o estás más molesto por el hecho de estar envuelto en una pelea?
- ¿Sientes que uno de vosotros debe disculparse primero?
- ¿Sientes que es importante para ti ser el «ganador» de la pelea, o solamente quieres que vuelvan a ser buenos amigos?
- ¿Crees que tú y tu(s) amigo(s) han sido imparciales el uno con el otro?
- ¿Te sentirías más cómodo si un adulto, como uno de los padres o un consejero escolar, estuviese en medio de la situación para ayudar a mediar las cosas? ¿Cómo podríamos lograr esto?

En esta fase hay que dejar claro que no se trata de que las partes en conflicto pidan disculpas para retomar después otra vez la pelea, ni que una de las partes sienta que tiene toda la responsabilidad. Lo importante es que puedan responderse cómo ambas partes han contribuido al conflicto. Después, ambos deberán decirse «lo siento». También podrán decir:

- «Me siento realmente mal por _____ y lamento que haya sucedido.»
- «Sé que te has sentido _____ y lamento haberte hecho sentir así.»

Tercera parte del proceso: averiguar qué se puede hacer

Ya se han reunido datos y se ha hablado con las partes, así que ahora llega el momento de ofrecer alternativas para solucionar el conflicto. Por ejemplo, que hablen solos, o bien que lo hagan cada uno por separado con un mediador... También se pueden ofrecer formas de acabar con la pelea como:

- Disculparse mutuamente.
- Explicar cómo se han sentido durante el tiempo que duró la pelea y que lo comparen con cómo se encontraban antes.

- Idear entre todos qué pueden hacer para entender y aceptar que se puede ser amigo de otra persona y pensar diferente.
- Tratar de encontrar intereses comunes para retomar la relación después de la experiencia de conflicto.
- Pactar hasta dónde vale la pena ceder cuando hay una amistad.
- Pactar no molestarse más, aunque no sean amigos.

El programa antiviolencia

Los alumnos implicados en una disputa, tanto en las pequeñas como en las de más grandes dimensiones, deben saber que están siguiendo un viejo y conocido patrón: «Yo tengo razón», en consecuencia «él está equivocado». Mientras se mantiene esta dinámica, entre quienes luchan no hay mayores diferencias, porque los dos están perdiendo, entre otras cosas la oportunidad de estar en paz con ellos mismos y entre ellos.

Existen algunas premisas clave que tanto padres como profesores deberían tener en cuenta a la hora de enseñar a los niños y adolescentes a solucionar conflictos de un modo pacífico. Entre ellos, es importante que ante un conflicto siempre se refieran al problema y no a la persona, porque se preocupan por los sentimientos de los demás, es decir, son responsables de lo que dicen y hacen.

También es importante que aprendan a desarrollar habilidades para llevar a cabo una buena comunicación y ser comprendidos. Para ello, deberán habituarse a:

- *Escuchar atentamente,* lo que implica no sólo mirar a la otra persona cuando esté hablando, sin pensar en otras cosas, como qué se le va a responder, sino escuchar sin interrumpir hasta que la persona haya terminado de hablar. El objetivo es comprender el punto de vista de la otra persona. Existen muchos juegos que los niños y adolescentes pueden realizar para desarrollar la observación centrada en el otro, como decir frases sólo con palabras, vendarse los ojos y definir el estado de otra persona por el tono de su voz...

- *Expresarse con un lenguaje positivo,* es decir, respetando al receptor, realzando sus logros y potenciando lo mejorable para que el sujeto consolide un mejor autoconcepto.
- *Hablar de hechos y consecuencias sin juzgar ni etiquetar a los demás.*
- *Compartir sus sentimientos e inquietudes* iniciando los mensajes con el pronombre personal «yo» y seguidamente expresar cómo se siente, por qué razón, y qué pide a cambio. Por ejemplo, decir: «Yo me siento enfadado porque me has empujado; por favor, no lo vuelvas a hacer».
- *Devolver preguntas ante una agresión verbal.* Por ejemplo, si alguien dice, creo que eres idiota, responder: «¿Crees que soy idiota?»; y después: «¿Por qué me lo dices?, ¿por qué quieres hablar conmigo entonces si piensas que soy idiota?».

Aplicación en el colegio

Un sistema educativo coherente puede sin duda ayudar a los estudiantes a que vuelvan a comprender valores como la ilusión, la esperanza y el valor del esfuerzo, aun en una sociedad como la nuestra. Estudiar es duro, no hay duda de ello, pero puede ser más difícil cuando hay problemas de convivencia escolar. Los chicos y las chicas estudian para algo, y el logro, no necesariamente material, es lo que los estimula y le da sentido al esfuerzo. Por ello, debe existir una cierta coherencia entre la tarea y la recompensa, y la recompensa es creer en su futuro y en el de sus iguales. Esto es lo único que va a permitir a las nuevas generaciones disfrutar de los procesos más que de los resultados.

Y es el placer por el proceso lo que va a permitir que dejemos de preocuparnos porque no sabemos cómo actuar con los alumnos perturbadores. En un clima de trabajo en equipo y con el objetivo de trabajar conjuntamente padres, maestros y otros profesionales, la tarea no es tan ciclópea. Porque desde varios frentes se les enseña las desventajas de la confrontación violenta. Nadie puede prosperar cuando está asustado. Tampoco los profesores. Por eso la clave es creer que entre todos las cosas pueden cambiar.

Terapias y mediadores

En el filme *El indomable Will Hunting* de Gus Van Sant se puede observar cómo es la vida de un joven violento y rebelde, y cómo se puede seguir teniendo conflictos con otras personas incluso cuando el adulto en quien puede confiar ha llegado a su vida. De algún modo, el personaje de Will representa a todos los chicos y chicas que se mueven por caminos equivocados. Pero también representa la esperanza, ya que el mensaje de la película —si es que se le puede llamar así— es mostrar cómo la vida de estos jóvenes marginados por sus actos violentos puede cambiar si se les ayuda a sacar a la luz sus talentos y capacidades.

En el filme se muestra a un chico que no es como los demás. No por su carácter extremadamente violento, sino porque posee una capacidad intelectual fuera de lo normal. Dedicado a hacer trabajos temporales mal pagados, Will no se detiene a pensar en su futuro. Sin embargo, en una ocasión, mientras trabaja como barrendero en un prestigiosa universidad, resuelve con magistral facilidad un complejo problema de matemáticas que uno de los mejores profesores ha dejado escrito en una pizarra exterior a una de las aulas para que sus alumnos lo piensen. Es evidente que el profesor no espera que ninguno lo resuelva, ya que a él le ha llevado un año. Obviamente Will lo hace, un día cualquiera en que está cansado de barrer deja a un lado los instrumentos de limpieza y simplemente lo hace. ¿Lo hace? ¡Lo resuelve con una pasmosa facilidad! Cuando el profesor descubre que no se trata de ninguno de sus alumnos sino de un barrendero, le propone cambiar su vida con la condición de que trabaje con él y acepte someterse a sesiones de terapia. Después de varios intentos frustrados con psicólogos que no pueden con él, Sean, un terapeuta recientemente viudo, acepta el desafío. En un impactante diálogo en el que Sean se da cuenta de que él es verdaderamente la última oportunidad para el chico le confiesa: «Te miro... y no veo a un hombre inteligente y confiado. Veo a un chaval creído y miedoso. [...] Nadie puede comprender lo que pasa en tu interior. [...] Si quieres hablar de ti, de quién eres [...] a eso me apunto. Pero no quieres hacerlo, tienes miedo. Te aterroriza decir lo que sientes». El joven no sabe qué responder y huye. Después Sean descubrirá, cuando le lleguen los papeles del correccional donde Will había pasado los últimos años, que era huérfano y que había sido brutalmente maltratado por dos de sus padrastros. Es entonces cuando Sean le dice la frase que cambia definitivamente la vida del joven: «Tú no tienes la culpa». Will se resiste a escuchar. Entonces Sean se lo repite hasta el cansancio...

Es evidente que Will no es un *bully*, pero quizás sea hora de pararnos a pensar cuántas veces les decimos a esos chicos que promueven la violencia en las aulas que pueden cambiar. Cuántas veces los padres dejan por unas horas sus problemas laborales, económicos o de pareja para sentarse a escuchar a ese niño o adolescente que tiene problemas. O cuántas veces un profesor deja a un lado los objetivos académicos y el programa para mostrar otras formas de convivencia más saludables aunque no le paguen para ello. Y cuando todo eso es imposible, cuántas veces unos y otros se han molestado en averiguar adónde podían recurrir. Buscar ayudas y apoyos frente a un problema de violencia en las aulas es no sólo recomendable sino saludable.

Busque apoyo en el pediatra

Para algunos padres y madres la figura del pediatra es alguien de confianza porque conoce al niño. Pero más que ayudarlo a él, guiará a los padres sobre qué camino seguir. A veces el pediatra es quien le puede recomendar a un psicólogo o a otro tipo de especialistas para hacerle a su hijo un chequeo más profundo. Hable con el pediatra y, si puede, pídale un informe en el caso de que su hijo haya sido violentado por un *bully*.

Busque la figura de un mediador

El fin de un mediador (en cualquier ayuntamiento le dirán a qué teléfono debe llamar para solicitar este tipo de intervenciones) es, en principio, ayudar con su finalidad comunicativa a resolver un problema donde el diálogo esté deteriorado por el conflicto en sí, porque no hay entendimiento o porque las partes no saben cómo gestionar una solución. A veces la figura de un mediador puede ayudarle a plantear el problema en el colegio o con los padres del niño conflictivo. El mediador, además, intentará llegar a acuerdos de compromiso para que los conflictos puedan resolverse pacíficamente.

ESTRATEGIAS COTIDIANAS

La resolución de conflictos no se aprende sólo con dedicarle una hora a la semana: es un trabajo permanente. Los padres pueden enseñar también cómo resolver conflictos sin violencia en pequeños actos cotidianos, haciéndolo con naturalidad y como un sistema de vida. Aproveche siempre esos momentos para dejarle claro cuáles son sus reglas sobre las armas, pistolas y cuchillos, diciéndole que son muy peligrosos y que pueden lastimar o matar a las personas; sobre la disciplina; o sobre cómo ve usted las pandillas. Puede decirle por ejemplo que: «A veces la vida de los pandilleros parece ser fascinante. Pero no es así. Muchas veces los pandilleros resultan lastimados y otras veces mueren, pues tratan de solucionar sus problemas por medio de la violencia. Los niños inteligentes eligen a amigos que son divertidos y que no ponen en riesgo su vida». Cuando son pequeños, a veces puede ser más fácil ayudarlos a expresar sus emociones mediante juegos y actividades, como hacer un dibujo de sí mismo. Por ejemplo, se le puede dar una hoja donde sólo hay dos círculos para representar dos caras. Usted puede pedirle al niño que está contrariado o que ha sido dañado que muestre cómo se siente y que para ello dibuje en uno de los círculos sus ojos, su nariz y su boca. Pregúntele qué piensa que se puede hacer para solucionar el conflicto. Tracen juntos un plan para llevar a cabo la mejor solución. Seguidamente pídale que dibuje los rasgos faciales en el otro círculo para mostrar cómo se siente. Dígale que seguramente se trata de una buena solución, ya que las buenas soluciones hacen que los niños estén más contentos y una prueba de ello es la cara que ha dibujado.

Otra opción es enseñarles a resolver conflictos utilizando marionetas, títeres de dedo, o títeres de palo. Los padres pueden hacerlo con cucharas de madera o con dos guantes distintos. Haga que las marionetas le expliquen al niño qué conflicto tiene. Hable con el niño sobre cómo se podría resolver ese problema. Use las marionetas para llevar a cabo las distintas soluciones mediante una breve dramatización; después, pregúntele al niño cuál es la mejor. Por ejemplo, un títere pega a otro en la nariz; un títere aísla al otro diciéndole: «Tú no puedes jugar; un títere ha decidido no compartir nunca más sus juguetes...».

Una buena opción es comprar pegatinas y una cartulina grande. Cada vez que un niño colabore en la solución de un conflicto simple y logre un buen resultado, dejará que pegue una y que escriba su nombre. También el profesor puede escribir al lado qué conflicto solucionó. Pídale al niño que explique a sus compañeros cómo se siente después de haber solucionado el problema. En cualquier caso, nunca olvide que los niños ven las cosas desde una perspectiva diferente, y peleas que le pueden parecer tontas pueden ser muy importantes para ellos, simplemente porque las amistades de un niño pueden ser tan importantes para él o ella como sus relaciones son para usted.

ANEXOS

ANEXOS

ANEXO 1. RECURSOS LEGALES

Si bien es cierto que muchos padres se sienten más protegidos cuando están en disposición de recurrir a la vía legal, lo que sí es cierto es que debe tratarse de un último recurso debido a que se trata de un camino arduo que, en la mayoría de los casos, perjudica demasiado a los niños y a los adolescentes implicados. Excepto que se trate de una agresión importante y el colegio no haya tomado partido, la mayoría de los jueces reconocerán que el colegio ha hecho lo posible por solucionar el problema. De todas formas, cada situación es diferente.

Los padres deben solicitar ayuda legal cuando crean conveniente información al respecto, sea por una mera creencia de la existencia de *bullying* o por haber obtenido pruebas fehacientes al respecto. Siempre que lo crean oportuno pueden interponer procedimiento judicial contra aquellas posibles entidades responsables. Los créditos que puedan solicitar los padres del alumno serían con el fin de interponer procedimiento judicial ante un tribunal a efectos de abonar los honorarios de los profesionales que los asesoren. Si no existe la disponibilidad económica necesaria para ello podrán solicitar ante el Servicio de Asistencia Jurídica de la ciudad un abogado de oficio que les informe sobre el tema.

Entre otros requisitos, si el alumno ha sido víctima de algún episodio desagradable, deberán presentar informes médicos y psicológicos que prueben los cambios en el menor.

En caso de herida, o en otros que sea prudente hacerlo, puede ser necesaria una denuncia policial, con base en el artículo 13 de la Ley Orgánica 1/1996 o ir directamente a la interposición de un procedimiento judicial ante los tribunales de la ciudad, a través del necesario asesoramiento jurídico por parte de profesionales.

Por último, hay que tener en cuenta la Ley Orgánica que regula la responsabilidad penal de los menores (LORPM) es la LO 5/2000 de 12 de enero, aunque está modificada en algunos de sus artículos por la Ley 7/2000 de 22 de diciembre. Los artículos que interesan son principalmente los artículos 61 y siguientes de la LORPM.

El apartado 3 del artículo 61 de la LORPM informa que la acción de responsabilidad civil (existe la responsabilidad civil y la criminal) la ejercitará el ministerio fiscal, salvo que el perjudicado renuncie a ella, la ejercite por sí mismo o se la reserve para la jurisdicción civil. La responsabilidad civil es la derivada de un hecho que dé lugar a daños o perjuicios a terceros.

Los padres, tutores o guardadores de los menores de dieciocho años responden solidariamente (es decir, junto con el menor) de los delitos cometidos por el menor, por lo que estamos hablando de menores y mayores de catorce años hasta los dieciocho años. Con respecto a los mayores de dieciocho años que todavía convivan bajo la tutela de sus padres, tutores o guardadores, existe también la posibilidad de pedir responsabilidad, todo ello existiendo negligencia o culpa. Además, si no queda acreditada la culpa o negligencia del menor, el juez puede determinar que también existe, por lo que no queda excluida automáticamente.

Para interponer una denuncia contra un menor se hace, como si de un adulto se tratara, en cualquier comisaría de policía, siempre que se trate de un delito penal. Según la responsabilidad que tenga (que se determina en el juicio) se le impondrá la pena que corresponda por ley.

El Código Penal (Ley Orgánica 10/1995 de 23 de noviembre) establece, en su art. 116, que: «Toda persona criminalmente responsable de un delito o falta lo es también civilmente si del hecho se derivaren daños o perjuicios...». El art. 120 dice que: «Son también responsables civilmente, en defecto de los que lo sean criminalmente: los padres o tutores, por los daños o perjuicios causados por delitos o faltas cometidos por mayores de dieciocho años sujetos a su patria potestad o tutela y que vivan en su compañía, siempre que haya por su parte culpa o negligencia».

También habrán de tener en cuenta la Ley Orgánica 5/2000 de 12 de enero de Responsabilidad Penal del Menor y la Ley Orgánica

10/2002 de 23 de diciembre sobre la Calidad de la Educación. Para María Dolores González Rodríguez, procuradora de los tribunales, las leyes que amparan a los alumnos están recogidas en la Ley Orgánica 1/1996 de 15 de enero de Protección Jurídica del Menor. El responsable sobre el cuidado de un alumno es en ese caso el personal docente del colegio o centro educativo donde curse sus estudios el alumno, dentro del ámbito de dicho centro. La protección del menor incluye todos los aspectos que le afecten: físico, psicológico, etc.

En este sentido, el director del colegio no es el principal responsable de la existencia de problemas de *bullying* en el alumnado. El centro educativo sí y, como institución, incluso quienes están en relación con el alumno afectado, el profesorado, que dependen asimismo del centro.

ANEXO 2. PROYECTOS EDUCATIVOS

Proyecto Ulises-Odisea

Dirigido por el sociólogo Erick Pescador Albiach. Se trata de un programa de educación afectiva y sexual y prevención de la violencia de género dirigido a la población adolescente, dependiente del Centro de Estudios de Género y Masculinidades. Sus objetivos son:

1. Prevenir la violencia de género y las relaciones de poder asimétricas entre jóvenes, a través de la intervención en centros de Enseñanza Secundaria, favoreciendo relaciones de equidad en la población juvenil, como elementos necesarios para su pleno desarrollo personal y social.

2. Sensibilizar e implicar activamente a la comunidad escolar en el desarrollo de este programa, para garantizar el éxito de los resultados.

3. Incrementar la cualificación y capacitación del profesorado para el trabajo con el alumnado y las asociaciones de padres y madres, al objeto de incluir de forma continuada en los Planes de Centro la educación en valores igualitarios y prevención de la violencia masculina.

La metodología con la que se trabaja es fundamentalmente práctica y didáctica. En todo el proyecto aparece la negociación y la adaptación del trabajo a las condiciones particulares de los grupos. Todo está basado en una metodología constructivista. Se realizan ejercicios escritos y vivenciales, así como charlas, debates y grupos de discusión. También se trabaja sobre casos reales y sobre la cotidianidad del ejercicio educativo. Se aportará documentación y bibliografía específica para cada grupo de trabajo.

El modelo de trabajo es adaptativo a las circunstancias de cada centro y grupo, lo que significa que actuamos según un esquema de investigación-acción. Además de poner en práctica técnicas de intervención educativa y prevención de la violencia, se imparten cursos para profesores y padres, se ayuda a las escuelas a establecer planes sobre la forma de prevenir y acabar con la intimidación y se ayuda a los estudiantes.

E-mail: *erickp@jazzfree.com*
Página web: *www.masculinidades.com*

Proyectos pioneros de trabajo en red

En diferentes sitios de España se están llevando a cabo experiencias de asistencia en red para niños maltratados. Una propuesta de intervención que sería aplicable a cualquier tipo de maltrato, lo que incluiría el que se produce entre iguales. Esta propuesta, en la que ha participado activamente el psiquiatra Jorge Barudy llevando a cabo un trabajo pionero, consiste en organizar y formar a los profesionales que componen la red y que pertenecen a los siguientes servicios: centro de salud (trabajadora social, pediatras y enfermeras pediátricas), centro de salud mental (trabajadora social, psicólogos y psiquiatras), centros educativos (orientadoras, trabajadoras social), ludoteca (responsable), guardería (directora), Policía Municipal (agente), Servicios Sociales (trabajadoras sociales y educadoras). Se trata de grupos de trabajo que se reúnen cuando es necesaria la intervención en algún caso. Burlada (Navarra) es un ejemplo de ello. Se reúnen los profesionales que están atendiendo ese caso concreto. Valoran, establecen objetivos y criterios de intervención, seguimiento, etc. Estos grupos se reúnen según demanda, es decir, cuando se constata una necesidad. Algunos modelos de esta propuesta que se están llevando a cabo desde hace más tres años son:

- En San Sebastián. Diputación de Guipúzcoa. Departamento de Infancia y Juventud. Con diez años de experiencia en el proyecto. E-mail de contacto: jlezana@gizartez.gipuzkoa.net

- En Navarra. Ayuntamiento de Burlada. Tlf: 948136636.
- En Mallorca. Tlf: 971173668. Serafin Carballo. Responsable del Área de Tratamiento Terapéutico del Servicio de Protección al Menor y Atención a la Familia, Consell de Mallorca.
- «CONTRA LA VIOLENCIA... CULTURA.» Promovida por la editorial Alfaguara y Jóvenes contra la Intolerancia. Se busca el fomento de la lectura y la reflexión sobre temas como el terrorismo, el maltrato infantil y las agresiones de las tribus urbanas y cómo actuar. La editorial ha seleccionado una serie de libros relacionados con el tema y cada uno lleva alguna sugerencia para participar en esta campaña. Una carpeta donde se hace un breve análisis sobre la violencia existente, así como enseñar a desarrollar la cultura de la no violencia. En ella se incluyen cifras sobre el tema, actos por la no violencia que se preparan para este año, un Decálogo por la No Violencia, así como los puntos importantes de la Declaración de Viena.

ANEXO 3. TELÉFONOS, PÁGINAS WEB Y DATOS DE PROFESIONALES

Teléfonos de interés

Los teléfonos que se enumeran a continuación pueden ser usados indistintamente por los padres y por los alumnos.

900 122 181. Para denunciar, informarse o pedir direcciones de ayuda.

900 202 010. Teléfono del Menor ANAR: es una línea gratuita de atención telefónica que, de forma eficaz y confidencial, atiende los problemas de todos los niños y adolescentes de España. Los niños que acuden al 900 202 010 no necesitan darnos su verdadero nombre ni contar dónde viven. También para padres y/o profesores que tengan algún problema relacionado con los niños.

900 505 532. Teléfono de la Infancia en Castilla-La Mancha. Es un teléfono de escucha, donde se trata de encontrar un clima de confidencialidad y ofrecer un apoyo emocional y orientación.

900 851 851. Teléfono Amigo: una iniciativa puesta en marcha en Andalucía para atender casos de agresiones en colegios.

900 85 18 18. Es también un teléfono de la infancia perteneciente a la Junta de Andalucía.

91 563 44 11. El Defensor del Menor en la Comunidad de Madrid.

Páginas web

http://www.no*bully*.org.nz/guidelines.html
Sobre intimidación en las escuelas, en inglés.

http://ericir.syr.edu/Virtual/Lessons/Social/St/Psychology/PSY0003.html

Una página en inglés sobre los aspectos sociales y psicológicos.

http://pbskids.org/itsmylife/friends/*bullies*/mentors_sp.html

Incluye hasta un juego sobre cómo vencer a los matones en clase. Presenta niños discutiendo sus experiencias con los bravucones. Estos vídeos cortos son maravillosos para romper el hielo y como catalizadores en las discusiones personales.

http://www.aboutourkids.org/parent_letter/*bully*_10_03_s.pdf

Es una página de consulta que se actualiza permanentemente.

www.alternativa-joven.org

La asociación juvenil Alternativa Joven de Extremadura ha puesto en marcha una campaña con la que pretende concienciar a las familias y profesores extremeños de la necesidad de estar en alerta ante el fenómeno conocido como *bullying,* un vocablo inglés de difícil traducción con el que se denomina la situación provocada por quienes «golpean o dan patadas a otros compañeros de clase, hacen burlas o "pasan" de ellos, e incluso los intimidan con la fuerza», un fenómeno que se está dando tanto en los colegios como en los institutos.

http://www.njsbf.com/njsbf/student/eagle/sp02-2.cfm

Muestra datos estadísticos en otros países donde la violencia en los colegios es cada vez mayor.

www.*bullying*.co.uk

Probablemente una de las páginas más completas en inglés.

http://www.juntadeandalucia.es/averroes/san/_hermenegildo/boletin_prensa/violen.htm

Muestra qué campañas y programas educativos se están llevando a cabo en distintos puntos de España, y qué informes y estudios son los recomendados.

Asociación Española de Neuropsiquiatría

AEN, así como otros colectivos de profesionales, lleva más de cinco años denunciando la carencia y la precariedad de los recursos asistenciales para la salud mental de los niños y los adolescentes, y la necesidad de desarrollar y completar la red asistencial.

Datos de los profesionales que han prestado su experiencia para la redacción de este libro

1) M.ª Dolores González Rodríguez. *Procuradora de los Tribunales.*
Tf./Fax: 93.432.21.23. E-mail: marilo.g.r@terra.es
www.procuradordelostribunales.net/barcelona

2) Begoña Vázquez Lopartegui. Psicóloga. E-mail: bvl@menta.net

3) Jorge Barudy. Psiquiatra. Formador en la Facultad de Medicina de la Universidad de Lovaina y autor de *El dolor invisible en la infancia.* El psiquiatra y terapeuta familiar Jorge Barudy es además el fundador del Centro Exil, que existe en Bélgica desde hace más de veinticinco años y en España. El centro ofrece un servicio psicoterapéutico, psiquiátrico y social a niños, adolescentes y familias maltratadas de las familias en exilio. E-mail: exilspain@pangea.org. Página web: www.pangea.org/exilspain

4) Rosa Lahos. E-mail: rosalj@telefonica.es

BIBLIOGRAFÍA

ADLER, A., *El carácter neurotico*, Planeta-De Agostini, Barcelona, 1985.

ANDRÈ, C. y LÉGERON, P., *El miedo a los demás*, Ediciones Mensajero, Bilbao, 1997.

BANDURA, A., *Aggression: A Social Learning; Analysis*, Englewood Cliffs; Prentice-Hall, 1962.

BARTES, R., *La torre Eiffel*, Paidós, Buenos Aires, 2002.

BARUDY, J., *El dolor invisible de la infancia. Una lectura ecosistémica del maltrato infantil*, Paidós, Barcelona, 2003.

BOURDIEU, P., *Sociología y cultura*, Grijalbo, Buenos Aires, 1990.

BURNS, D., *El manual de ejercicios de sentirse bien*, Paidós, Barcelona, 1999.

COHEN-POSEY, K., *How to Handle Bullies, Teasers, and other Meanies*, Rainbow Books, Highland City, 1995.

ECO, Goldmann, Bastide, *Sociología contra psicoanálisis*, Planeta-De Agostini, Barcelona, 1986.

FEATHERSTONE, M., *Cultura de consumo y postmodernismo*, Amorrortu, 1991.

FREUD, S., «Psicología de masas y análisis del yo», *Obras completas*, Biblioteca Nueva, Madrid, 1981.

FROMM, E., *El miedo a la libertad*, Planeta-De Agostini, Barcelona, 1985.

GIBERTI, E. y FERNÁNDEZ, A., *La mujer y la violencia invisible*, Sudamericana, Buenos Aires, 1992.

GIBERTI, E., «La familia y los modelos empíricos», *Vivir en familia*, Editorial UNICEF/Losada, Buenos Aires, 1994.

GOLDING, W., *El señor de las moscas*, Edhasa, Barcelona, 2000.

GOLEMAN, D., *El punto ciego. Psicología del autoengaño*, Plaza y Janés, Barcelona, 1997.

GROEBINGHOFF, D., BECKER, M., «A Case Study of Mobbing and the Clinical Treatment of Mobbing Victims», *European Journal of Work and Organizational Psychology*, 1996.

HESSE, H., *Demian*, Alianza Editorial, Madrid, 1982.

HUNTER, D. y Whitten, Ph., *Enciclopedia de Antropología*, Ediciones Bellaterra, Barcelona, 1981.

JERUSALINSKY, A., y colaboradores, *Psicoanálisis en problemas del desarrollo infantil*, Ediciones Nueva Visión, Buenos Aires, 1988.

JUNG, C., *Conflictos del alma infantil*, Paidós Educador; Barcelona, 1991.

KOZLOFF, M., *El aprendizaje y la conducta en la infancia*, Barcelona, Martínez Roca, 1980.

KRISHNAMURTI, J., *Pedagogía de la libertad*, Integral, Barcelona, 1996.

—*Vivir de instante en instante*, Integral, Barcelona, 1996.

LAPLANCHE, J., PONTALIS, J. B., *Diccionario de psicoanálisis*, Labor, Barcelona, 1971.

LEE, B., *El principio del poder*, Grijalbo-Mondadori, Barcelona, 2000.

LEYMANN, H., GUSTAFSSON, A., «Mobbing and Work and the Development of Post-traumatic Stress Disorders», *European Journal of Work and Organizational Psychology*, 1996.

LIPOVETSKY, G., *La era del vacío. Ensayos sobre el individualismo contemporáneo*, Anagrama, Barcelona, 1986.

LORENZ, K., *Consideraciones sobre las conductas animal y humana*, Planeta-De Agostini, Barcelona, 1976.

LYOTARD, J. F., *La condición postmoderna*, Planeta-De Agostini, Argentina, 1993.

MAFFESOLI, M., *El tiempo de las tribus*, Icaria, España, 1990.

MALINOWSKI, B., *Crimen y costumbre en la sociedad salvaje*, Planeta-De Agostini, Barcelona, 1985.

MANNONI, M., *El niño, su «enfermedad» y los otros*, Nueva Visión, Buenos Aires, 1967.

MARCUSE, H., *El hombre unidimensional*, Planeta-De Agostini, Barcelona, 1985.

MEAD, M., *Adolescencia, sexo y cultura en Samoa*, Planeta-De Agostini, Barcelona, 1985.

MÉNDEZ, X., MACIÁ, A., *Modificación de conducta con niños y adolescentes*, Pirámide, Madrid, 1990.

MICHELSON, L., SUGAI, D., WOOD, R., KAZDIN, A., *Las habilidades sociales en la infancia. Evaluación y tratamiento*, Barcelona, Martínez Roca, 1987.

OLWEUS, D., *Bullying at School: What we Know and What we Can do*, Cambridge, 1993.

PIAGET, J., *Estudios sociológicos,* Planeta–De Agostini, Barcelona, 1986.

POLO, J. J., Huélamo, A. J., *La nueva ley penal del menor*, Colex, Madrid, 2003.

RIBEYRO, *Cuentos completos*, Alfaguara, Madrid, 1994.

ROJAS, E., *¿Quién eres? De la personalidad a la autoestima*, Temas de Hoy, Madrid, 2001.

ROJAS MARCOS, L., *La pareja rota: familia, crisis y superación*, Espasa Calpe, Madrid 1999.

—*Las semillas de la violencia*, Espasa Calpe, Madrid 1996.

ROWAN, A. B., Foy, D. W., Rodríguez, N., Ryan, S., «Posttraumatic Stress Disorder in a Clinical Sample of Adults Sexually Abused as Children», *Child Abuse and Neglect*, 1994.

RUSSELL, D., *The Secret Trauma: Incest in the Lives of Girls and Women*, Basic Books, Nueva York, 1986.

SERRANO, I., ULLÁN, A. M., *Modificación de comportamientos agresivos en la infancia y la adolescencia*, Congreso sobre menores marginados de Castila y León, Junta de Castilla y León, Valladolid, 1988.

SORIA, M. A., Hernández, J., *El agresor y su víctima*, Editorial Boixareu Universitaria, Barcelona, 1994.

SOSA, C. D. y CAPAFONS, J. L., «Abuso sexual en niños y adolescentes», en J. Buendía (ed.), *Psicopatología en niños y adolescentes*, Pirámide, Madrid, 1986.

SPITZER, R., *Formación de conceptos y aprendizaje temprano*, Paidós, Buenos Aires, 1978.

URRA, J., VÁZQUEZ, B., *Manual de Psicología Forense*, Siglo XXI, Madrid, 1993.

VALLÉS, A., *Cómo cambiar la conducta infantil*, Marfil, Alcoy, 1994.

VATTIMO, G., *El Fin de la Modernidad*, Gedisa, Barcelona, 1997.

VINYAMATA, E., *Manual de prevención de conflictos,* Ariel Practicum, Barcelona, 1999.

WAINERMAN, C., *Vivir en familia,* UNICEF/Losada, Buenos Aires, 1994.

WINNICOTT, R. W., *El niño y el mundo externo,* Hormé, Buenos Aires; 1965.